에피쿠로스가 들려주는

쾌락 이야기

에피쿠로스가 들려주는

쾌락 이야기

ⓒ 박해용, 2008

초판 1쇄 발행일 2008년 6월 9일
초판 11쇄 발행일 2021년 8월 18일

지은이   박해용
그림   최은화
펴낸이   정은영

펴낸곳   (주)자음과모음
출판등록   2001년 11월 28일 제2001-000259호
주소   04047 서울시 마포구 양화로6길 49
전화   편집부 (02)324-2347, 총무부 (02)325-6047
팩스   편집부 (02)324-2348, 총무부 (02)2648-1311
e-mail   jamoteen@jamobook.com

ISBN 978-89-544-0811-0 (64100)

에피쿠로스가 들려주는

쾌락 이야기

박해용 지음

|주|자음과모음

책머리에

　이 책은 에피쿠로스라는 철학자가 들려주는 쾌락에 관한 이야기입니다. 그리스 철학자 에피쿠로스는 철학사에서 쾌락주의자라고 알려져 있습니다. 그는 쾌락을 매우 중요하게 생각하며 사람은 쾌락을 위해 살아야 한다고 주장했습니다. 에피쿠로스가 말하는 쾌락은 단순한 기쁨이 아니라 의미를 가진 기쁨이라 할 수 있습니다. 그는 '자신이 죽어 가고 있는 그 순간도 가장 기쁜 날'이라고 말하기 때문입니다.

　《에피쿠로스가 들려주는 쾌락 이야기》는 에피쿠로스의 쾌락 사상을 알기 쉽게 구성한 책입니다. 이 책을 쓰기 위해, 제가 살았던 시골 마을과 그곳의 초등학교, 자연 속에서 마음껏 뛰어노는 아이들을 생각해 보았습니다. 이야기에 나오는 산들가람 초등학교 아이들은 새로 오신 철학 논술 선생님과 함께 철학 논술 공부를 하며 에피쿠로스와 그의 쾌락 철학을 배우게 됩니다.

　주인공으로는 게임의 달인 '임달인', 축구의 황제 '오고린', 노래방의 제1인자 '마송', 성당에서 기쁨을 얻는 '김순이', 절에서 고요를 찾은 '박중민', 그리고 자연 속에서 기쁨을 얻는 '이자현'이 나옵니다. 이 아이들은 모두 여러분과 같이 고민과 기쁨을 가지고 살아가는 초등학생입니다.

이들 중에는 '즐거운 3인방'이라 불리는 아이들이 나옵니다. 임달인, 오고린, 마송인데요, 게임의 지존 달인이는 게임을 하며 느끼는 알 수 없는 재미에 대해서 발표합니다. 축구를 좋아하는 고린이는 슬퍼서 공을 찬다는 알 수 없는 말을 합니다. 마송이의 별명은 '마 쏭'인데 집에서 노래방을 운영합니다. 마송이는 사방에 방음장치가 된 노래방에서 목청껏 노래를 부르며 즐거워합니다.

'즐거운 3인방' 외에도 '별난 3인방'이라 불리는 아이들이 있습니다. 종교적 기쁨의 순수함에 대해 말하는 하얀 미사포를 쓴 순이, 산사의 풍경 소리를 들으며 '결가부좌'를 보여 주었던 중민이, 낚싯바늘 없는 낚싯대로 낚시를 즐기는 자현이가 나옵니다. 이들의 이야기를 통해서 에피쿠로스의 '쾌락에 대한 생각'을 알게 됩니다.

에피쿠로스는 지혜와 금욕을 통해서 쾌락을 얻으려고 합니다. 그는 쾌락에 두 종류가 있다고 말합니다. 크게 정신적 쾌락과 육체적 쾌락으로 나눌 수 있습니다. 에피쿠로스는 쾌락의 질적 차이를 인정하는데, 진정한 쾌락은 몸과 마음의 고통을 완전히 제거함으로써 느낄 수 있는 것이라고 합니다. 더욱이 쾌락은 순간으로 끝나는 것이 아니라 지속적으로 일어나야 진짜 쾌락이라고 합니다.

에피쿠로스에 의하면 즐겁게 살기 위해서는 사려 깊게 행동해야 합니다. 그러지 않고서는 아름답고 정의롭게 살 수 없지요. 사려 깊은 사람이란, 운명의 힘을 믿지 않고 자신의 행동을 결정할 수 있는 능력을 스스로 갖춘 사람입니다.

또한 에피쿠로스의 쾌락에 있어서 빠질 수 없는 것이 우정입니다. 우정은 현명함보다 더 중요한 의미를 갖습니다. 일생 동안 행복하기 위해서는 많은 지혜가 필요한데, 그 중에서 가장 위대한 것이 우정이라고 에피쿠로스는 주장합니다. 그는 '에피쿠로스의 정원'을 만들어 친구들과 함께 토론하면서 즐거운 생활을 했습니다.

에피쿠로스가 말한 쾌락은 결국 육체적인 고통과 정신적 불안이 없는 평화로운 상태, 즉 '아타락시아(Ataraxie)'를 뜻합니다. 이 세상에 살아있는 동안 즐겁게 살려고 노력하고 불필요한 고통에 자신을 내맡기지 않는 것입니다. 생활이 아무리 힘들고 어렵더라도 항상 즐거움을 찾으면서 친구들과 즐겁게 지내는 것, 그것이 바로 이 세상을 아름답게 사는 것이라고 에피쿠로스는 말하고 있습니다.

《에피쿠로스가 들려주는 쾌락 이야기》를 통해서 쾌락에 대한 에피쿠로스의 생각을 아는 것도 중요하지만, 더 나아가 즐거운 삶의 태도를 배우며 매일 매일을 즐겁게 사는 것이 더욱 중요한 일입니다.

아무쪼록 이 책이 여러분의 태도를 변화시켜 항상 즐거운 마음으로 살 수 있게 하기를 희망합니다.

끝으로 어린이들을 위한 좋은 책을 기획하고 출판하는 (주)자음과모음의 모든 분들에게 깊은 감사의 마음을 전합니다.

2008년 6월

박해용

C O N T E N T S ————

"뭐? 자기 계발 시간이 철학 논술 수업으로 바뀐다고? 도대체 그게 얼마나 대단하기에? 난 그렇게 할 수 없어!"

성질 급한 고린이가 책가방을 느티나무 아래로 던지며 가슴에 품었던 화를 속사포처럼 털어놓았습니다. 그 바람에 책가방에서 축구공이 튀어나오자, 달인이가 이를 재빨리 왼발로 받으며 말했습니다.

"야, 진정해. 우리도 지금 그 이야기를 하던 중이야."

"그러니까 지금 우리 반 애들 모두에게 그런 명령이 떨어진 것 같아. 어제 마을회관에서 선생님과 부모님이 모였잖아. 그때 새로운 선생님이 두 명이나 온다는 얘기가 나왔대. 그중 한 선생님이 6학년 담임을 맡으면서 철학 논술을 가르친다는 거야. 그래서 우리가 그걸 배워야 하는데, 문제는 주말에 한다는 거지. 그 말은 결국 우리가 주말에 노는 시간을 줄여야 한다는 거잖아?"

마송이가 마치 미스터리 사건을 분석하듯 하나하나 설명했습니다. 물론 달인이가 전화로 이미 알려준 것이었지만, 그래도 고린이와 달인이는 화가 나는 것을 참을 수가 없었습니다. 얼굴이 붉으락푸르락 변한 이들 셋은 점심시간이 거의 끝나가는 데도 교실로 들어갈 생각을 하지 않고, 커다란 느티나무를 공으로 차서 맞추고 있었습니다. 마치 그렇게 하다 보면 화가 가라앉기라도 하는 듯이 말입니다. 참 맹랑한 아이들이죠?

이 아이들이 사는 마을은 경기도와 강원도 사이에 위치한 '산들가람'이란 이름의 작은 산골입니다. 여기에는 전체 학생 수가 100명도 채 안 되는 작은 초등학교가 하나 있습니다. 이 초등학교의 이름 역시 동네 이름을 딴 '산들가람 초등학교'입니다.

산골 깊은 곳에 위치한 산들가람 초등학교에도 철학 논술 바람이 불기 시작했습니다. 대도시에서 철학 논술이 대학 입시나 특기 적성 과목으로 중요성을 띠면서 이곳 산들가람 초등학교에도 선생님이 두 분이나 새로 부임해 오셨기 때문이지요. 작은 마을 작은 학교에 새로운 선생님이 두 분이나 나타나자 마을 사람들은 이것저것 궁금한 것이 많은 모양이었습니다. 특히 철학 논술 담당인 명논수 선생님이 어떤 방식으로 아이들을 가르칠 것인지 사람들은 무척 기대하고 있습니다. 하지만 달인이와 고린이, 마송이를 보니 아이들의 입장은 조금 다른 모양이지요?

어쨌든 아이들은 매주 토요일 할미 느티나무 그늘 아래에서 열리는 철학 논술 반에 모이게 됩니다. 이들의 수업 주제는 '즐거운 철학 논술'이라고 하네요. 어디, 이 불만 가득한 아이들이 수업을 어떻게 해 나갈지 지켜보도록 할까요?

산들가람 초등학교의
철학 논술 반

 "어떠한 쾌락도 그 자체로는 나쁘지는 않다. 하지만 많은 경우에, 쾌락을 가져다주는 수단이, 쾌락보다는 고통을 가져다준다."

– 에피쿠로스

1 달라진 6학년 1반의 분위기

"운동장 조회래. 모두 운동장으로 나가자! 새로운 선생님이 오시는 날이라 모두 나와야 해, 한 사람도 빠짐없이. 주변까지도 다 나가야 돼!"

이번 주 주변인 김순이의 꾀꼬리 같은 목소리가 들려오자 아이들은 웅성거리며 밖으로 나가기 시작했습니다. 순이는 성당에 나가는 여학생인데 새침해 보이는 생김새와는 달리 친구들에게 매우 친절하게 대합니다. 아이들은 슬픈 일을 순이와 함께 이야기하면 금방 기분이 좋아집니다. 다른 친구들의 기분을 좋게 해주는 마술사 같은 아이입니다. 게다가 목소리까지 쾌활하고 명랑해서, 순이가 발표할 때마다 교실 안은 침묵이 흐르듯이 조용해지고 모든 아이들이 순이의 말에 집중을 하게 됩니다.

이날 조회에는 새로 오신 교감 선생님과 명논수 선생님의 전체 인사가 있었습니다.

"여러분, 요즘은 철학 논술이 아주 중요하게 떠오르고 있습니다. 나는 우리 학생들에게 철학 논술 공부를 시작하라고 말하고 싶습니다. 철학 논술은 생각의 문을 열어 주며, 주체적이고 능동적인 사람이 되게 도와줍니다."

교감 선생님께서 또박또박 말씀하셨습니다. 교감 선생님의 말씀은 조금 어렵고 지루했지만, 목소리가 아주 뚜렷하고 압도적이었기 때문에 아이들은 다른 행동을 할 수가 없었습니다. 그러나 고린이는 몸이 근질근질한지 다리를 땅바닥에 여러 번 차곤 했습니다.

'아, 빨리 점심시간이 왔으면 좋겠다.'

고린이는 속으로 생각했습니다. 빨리 점심을 먹고 축구를 하러 나가고 싶었기 때문입니다. 고린이는 쉬는 시간에도 틈을 내서 공

을 가지고 노는 아이입니다. 이 세상에서 축구가 가장 좋다는 고린이에게는 전교생이 모두 모여 차렷 자세로 가만히 서 있어야 하는 아침 조회가 너무나 지루한 시간일 수밖에 없었습니다.

"특히 6학년 학생들은 토요일 자기 계발 시간에 명논수 선생님께서 가르치시는 철학 논술 반에 꼭 참석해야 합니다."

교감 선생님께서 말씀하시는 도중이었지만 아이들은 웅성거리기 시작했습니다. 왜냐하면 지금까지 아이들은 자기 계발 시간에 각자 나름대로 하던 활동이 있기 때문입니다. 그런데 그걸 중간에 뚝 끊고 갑자기 철학 논술 반에 들어가야 한다고 하니, 이전까지 했던 자기 계발 활동을 할 수가 없게 된 것입니다.

"아, 나는 축구가 좋은데……."

고린이가 조금 큰 목소리로 말하자, 아이들이 일제히 고개를 고린이 쪽으로 돌렸습니다.

"물론 지금까지 하던 걸 멈추고 갑자기 철학 논술 반에 들어야 한다고 하니 이해가 안 될 수도 있을 것입니다. 하지만 철학 논술 공부는 여러분을 생각이 깊은 사람으로 만들고, 일상생활에서도 자기 의견을 잘 표현할 수 있는 사람이 되기 위해 반드시 필요한 과정입니다. 철학 논술 반에서 명논수 선생님에게 수업을 받으면서 하게 될 토론은 훗날 여러분에게 엄청난 도움이 될 것입니다."

교감 선생님이 고린이의 투덜대는 말을 듣기라도 한 것처럼 말씀하시자, 고린이는 입을 꾹 다물고 조회가 끝날 때까지 땅바닥만 쳐다봤습니다.

아침 조회가 끝나자 학생들이 모두 자기 반으로 돌아갔습니다.

"야, 오고린! 너 아까 당황했지?"

마송이가 고린이에게 말했습니다.

"응, 혼나는 줄 알았다."

고린이가 말했습니다.

"그러게 내가 뭐랬어? 선생님이 말씀하시면 아무리 네가 다르게 생각해도 투덜대지 말고 그냥 가만히 있으라고 했잖아."

달인이가 고린이에게 말했습니다. 그러나 고린이는 송이나 달인이가 뭐라고 해도 싱글벙글 웃고만 있습니다.

"알았어, 알았다니까, 자식들! 너희들 내가 전교생 앞에서 혼날까 봐 걱정했나?"

고린이가 대답하자 마송이와 달인이 모두 빙긋 웃었습니다. 핀잔조로 하는 말이라도 나름 서로를 위해서 하는 말이란 걸 알기 때문에, 이 친구들은 웬만해선 말투 같은 문제로 싸우거나 화내는 일이 없었습니다.

 어쨌든 6학년 아이들은 토요일에 열릴 철학 논술 반 때문에 다들 골치가 아픈 것 같았습니다. 친구들 사이에서 '별난 3인방' 이라 불리는 순이, 중민이, 자현이 역시 걱정을 하고 있었습니다. 순이는 성당에, 중민이는 뒷산의 절에 가 있을 시간이 줄어들까 걱정이었고, 자현이 역시 산기슭을 돌아다니며 숲 속에서 놀 시간을 빼앗길까 걱정이었습니다. '즐거운 3인방' 이라 불리는 달인이, 고린이, 마송이도 마찬가지였죠. 달인이는 스타크래프트 게임을 못할까 봐, 고린이는 축구할 시간이 줄어들까 봐, 마송이는 노래와 춤 연습할 시간이 없어질까 봐 걱정이었습니다. 게다가 교감 선생님이 철학 논술을 하지 않으면 안 되는 것처럼 거창하게 말씀하셨던 터라, 대단히 어려운 것은 아닐까 겁을 먹는 아이들도 있었습니다.

 "철학 논술 같은 것을 무엇 때문에 하냐?"

 중민이가 말했습니다. 중민이는 주말에 절에 다니면서 마음의 평안을 얻는다고 하는 별난 아이입니다. 중민이는 원래 말이 별로 없는데, 철학 논술 반에 참가하는 것이 싫은가 봅니다.

 "나는 말싸움하는 건 딱 질색이야."

중민이가 혼자 투덜댔습니다.

"나도 그래. 나도 싸우는 건 싫은데……."

중민이 앞에 앉은 자현이도 중민이와 같은 생각이었습니다.

"토론은 말싸움이 아니니까 괜찮을 거야."

자현이 옆자리 순이가 말했습니다.

"토론이든 말싸움이든 그냥 한 번도 안 해본 거니까 기대되지 않냐?"

"이재석! 넌 뭐든지 좋아하더라."

반장 재석이가 말하자 자현이가 비꼬는 말로 내뱉었습니다.

"그래, 난 뭐든지 좋다. 넌 하던 대로 꽃이랑 동물이랑 노세요."

재석이도 화가 났는지 자현이에게 쏘아붙였습니다. 둘이 무섭게 째려보고 있을 때 명논수 선생님이 교실로 들어오셨습니다.

2 첫 과제는 즐거움 찾기

"여러분. 교감 선생님 말씀에 많이 놀랐죠?"

명논수 선생님이 말씀하셨습니다.

"네~!"

아이들이 우렁차게 대답했습니다. 아이들은 철학 논술만 아니라면 새로운 담임 선생님이 마음에 들었습니다. 학교에서 유일한 남자 선생님이기도 했지만 나이도 꽤 젊은 선생님이라, 특히 6학년 여자 아이들이 선생님에게 잘 보이려고 애를 썼습니다.

"제가 여러분과 함께 많은 대화도 하고 즐겁게 수업을 하고 싶어서 철학 논술 반을 만들어 달라고 한 거예요. 그러니까 남은 몇 달 동안이라도 같이 수업을 재미있게 했으면 좋겠습니다."

명논수 선생님은 부탁하듯 아이들에게 말했습니다. 아이들의 목소리는 아까보다 작았지만 그래도 모두 고개를 끄덕였습니다.

"여러분이 철학 논술이 무엇인지 잘 모르는 것 같아서 제가 간단하게 설명하겠습니다."

선생님은 그렇게 말씀하시며 칠판에 '철학 논술'이라는 네 글자를 크게 쓰셨습니다.

"논술은 논리적인 서술, 그러니까 논리적인 설명이라고 생각하면 될 것 같습니다."

아이들 중에 몇 명은 선생님의 말씀을 필기하면서 열심히 듣기 시작했습니다.

"철학 논술을 공부할 때에는 정답이 정해져 있다기보다는 정답을 만들어 간다고 생각하면 됩니다. 대통령이든 꼬마아이든, 누구의 말이든 그것이 '논리'만 제대로 갖추어져 있고, 또 논리적으로 상대방을 이해시킬 수 있다면 그것이 정답이라고 할 수 있지요."

명논수 선생님은 '논리'라는 말에 힘을 주어 말했습니다. 즐거운 3인방과 별난 3인방 아이들도 선생님의 말씀에 귀를 기울이고 있었습니다.

"선생님, 철학 논술이란 게 재미있을 것 같기는 한데, 어떻게 해야 하는 거예요?"

반장 재석이가 말했습니다.

"본격적인 내용은 이번 토요일 자기 계발 시간에 말해 주도록 하겠습니다. 그런데 철학 논술 반 첫 시간에 들어가기 전에 여러분이 준비해야 할 것이 있습니다."

아이들은 명논수 선생님이 과제를 내줄 거라고 예상했는지 표정이 일그러졌습니다. 몇 명은 노골적으로 싫은 기색을 냈습니다.

"숙제라고 생각하지 말고 하길 바랍니다. 먼저 종이를 나누어 주도록 하겠습니다."

선생님은 미리 준비해 온 종이를 분단별로 나누어 주셨습니다. 그리고 아이들이 모두 다 받을 때쯤에 종이를 아이들 쪽으로 보이면서 말씀을 이어가셨습니다.

"자, 이 종이를 보세요. 이건 원고지입니다."

선생님의 말씀처럼 아이들이 받은 종이는 400자 분량의 원고지였습니다.

"여기에 자신이 즐겁고 좋다고 생각하는 것들을 자연스럽게 적어 오세요. 그런데 중요한 것은 그냥 즐거워지는 것을 적기만 하는 것이 아니라, 그게 왜 즐거운 지 스스로 생각해 보는 것입니다. 그 이유까지 적어 오면 됩니다."

아이들은 모두 종이에 이름을 적고 숙제 내용을 수첩이나 공책에 적었습니다.

"언제까지요?"

마송이가 말했습니다.

"수업이 이번 주 토요일이니까 그 전날인 금요일 오후까지 내도록 합시다. 물론 내일까지 써 와도 상관없습니다. 선생님 책상 위에 노란색 종이봉투를 놓아 둘 것이니 그곳에 직접 넣어 두세요."

명논수 선생님은 곧이어 한 말씀을 더 하셨습니다.

"그리고 봉투에서 다른 친구들 것을 꺼내 보려고 하면 안 됩니다. 어차피 토요일에 선생님이 정리해서 이야기를 해줄 거니까요. 그리고 본인의 허락 없이 남의 글을 몰래 보는 것은 올바른 행동이라고 할 수 없잖아요?"

수업이 끝난 청소 시간. 명논수 선생님은 다른 선생님들과는 다르게 아이들과 함께 청소를 하셨습니다. 아이들이 자율적으로 할 수 있도록 돌아보면서, 아이들 손이 닿지 않는 곳을 직접 닦기도 하셨지요. 아이들은 그런 명논수 선생님이 조금씩 좋아지기 시작했습니다.

3 즐거움이 참 많은 아이

 과제가 주어진 바로 다음날 재석이를 비롯한 몇 명 친구들이 벌써 과제를 냈습니다. 그러나 선생님께서는 노란색 봉투를 열어 보지 않으셨습니다. 아이들이 제각기 넣어 둔 상태 그대로 책상 위에 올려놓으셨죠.

 처음에 아이들은 방과 후 혼자 계실 때 보겠거니 했는데, 그 다음날도 그 위치 그대로였습니다. 그리고 그 다음날, 목요일이 되자 아이들 거의 대부분이 과제를 봉투에 넣었습니다. 별난 3인방은 이날 모두 과제를 제출했지요. 봉투 안에 아이들이 낸 과제물 종이가 그대로 있었기 때문에 아이들은 선생님이 그것을 아직 읽었다는 사실을 알았습니다.

"너는 언제 낼 거야?"

달인이가 마송이에게 말했습니다.

"나는 무엇을 써야 할지 아직 잘 모르겠어. 금요일까지 버티다 낼 것 같은데."

마송이가 달인이에게 대답했습니다.

"그러는 너는? 썼냐?"

마송이는 곧이어 달인에게 물었습니다.

"난 그냥 게임 이야기나 할 거야. 내가 그걸 빼고 무엇을 이야기하겠니?"

달인이가 대답했습니다.

"그렇지……. 그럼 나는 노래 부르기를 써야 하나? 고린이는 축구 이야기 쓰면 되겠다."

마송이가 고린이 쪽을 돌아보며 말했습니다. 고린이도 송이와 달인이의 대화를 듣고 있었던 모양입니다.

"그럼! 난 축구 이야기를 지금 쓰고 있어."

고린이는 과제 종이에 무엇인가를 쓰고 있다가 고개를 들어 대답했습니다.

"야, 근데 원고지 쓰는 규칙에 맞춰서 써야 하냐? 처음에 시작을 하긴 했는데 어디서 띄어쓰기를 하는 건지 잘 모르겠다."

고린이의 말에 송이와 달인이 모두 달려들어 고린이가 쓰고 있는 글 앞으로 왔습니다.

"야, 너희들 보지 마! 그건 반칙이라고 선생님이 그랬잖아."

고린이가 말했습니다.

"원고지에 어떻게 써야 하는지 물었잖아. 봐야 알려주지."

셋 중에 그래도 공부를 제일 잘하는 달인이는 고린이가 가리키는 곳을 쳐다보면서 말했습니다.

"처음에 한 칸 띄고, 그리고 생각의 덩어리가 끊어질 때마다 한 줄 띄우면 새로운 문단씩이라고 배웠잖아."

달인이가 고린이에게 말했습니다.

"아 맞다, 처음에 한 칸 띄는 것을 잊어버렸네."

고린이가 말했습니다.

"아, 나도 큰일 날 뻔했다."

"야, 우리 그러지 말고 이따 셋이 만나서 쓰자. 청소 끝나고 말이야."

달인이의 말에 고린이와 송이 모두 찬성했습니다.

학교 뒤에 언덕이 하나 있는데 거기에는 큰 느티나무가 하나 있습니다. 마을 사람들은 이 나무를 할미 느티나무라고 부릅니다. 이 지역에서 제일 오래된 나무이기도 하지만 그 나무가 마치 할머니 같기 때문입니다. 여름에는 시원한 그늘을 만들어 주고, 겨울에는 바람이 불어도 나무 밑이 별로 춥지 않고 햇볕이 잘 들어와 따뜻합니다.

그리하여 즐거운 3인방도 청소 후 할미 느티나무 밑에 모여서 글을 완성하였고, 금요일에 과제 봉투에 넣었습니다. 이렇게 해서 대부분의 학생이 과제를 제출했지요. 금요일 수업이 모두 끝나자 담임 선생님께서 봉투에서 종이를 꺼내 개수를 세기 시작하셨습니다.

"18, 19, 20, 21……. 우리 반은 모두 22명이라고 알고 있는데 누가 안 냈지요?"

담임 선생님께서 말씀하셨습니다.

"제가 아직 못 냈어요."

맨 앞에 앉아 있는 정이가 말했습니다. 정이는 별난 3인방 중 한

명인 순이의 쌍둥이 동생인데 몸이 조금 불편합니다. 어렸을 때 소아마비를 앓아서 걷는 것을 잘하지 못합니다.

선생님은 잠시 정이를 바라보다가 알았다고 하셨습니다. 그리고 정이에게 이따 청소 끝나고 잠시 남으라고 하셨습니다. 선생님의 목소리는 무척 차분하고 부드러웠습니다.

정이가 남게 되자 순이도 남았습니다. 왜냐하면 정이의 휠체어를 밀어주고 가방을 들어줘야 하는 사람이 순이이기 때문입니다. 순이는 언니이자 친구이며 보호자로서 매일 정이의 등하교를 책임지고 있었습니다.

담임 선생님에게 가기 위해 정이가 휠체어를 두 손으로 밀었습니다. 순이는 저만큼 떨어져 있다가 정이가 힘들어 하자 달려와서 정이를 도와주었습니다. 그리고 정이가 선생님과 이야기를 하기 시작하자 순이는 두 발자국쯤 뒤에 떨어져 있었습니다.

"정이야, 과제하기가 힘들었니?"

선생님이 정이에게 말씀하셨습니다.

"아니오."

정이가 짧게 대답했습니다.

"그럼 왜 아직 못했어?"

선생님은 또다시 부드럽게 물어보셨습니다. 선생님이 쓰고 계시던 안경이 살짝 흘러내렸습니다. 선생님은 손가락으로 안경테를 올리며 다정한 표정을 지으셨습니다.

"즐거운 일이 너무 많아서 종이가 모자랐어요."

정이의 말에 순이도 뒤에 있다가 한마디 거들었습니다.

"선생님! 정이는 고맙고 감사하고 즐거운 게 너무 많대요."

선생님의 얼굴이 갑자기 환해졌습니다.

"아하! 선생님은 또, 우리 정이가 즐거운 게 없는 줄 알고 걱정했잖아."

"아니요. 너무 많아서 어떻게 적어서 내야 하나 고민을 했어요. 원고지 종이에 쓰지 않고 연습장에 썼는데 그걸 내도 될까요?"

정이가 선생님에게 부탁했습니다.

"그러엄!"

명논수 선생님께서 힘주어 말씀하셨습니다. 그러자 정이는 가방에 있던 종이 뭉치를 꺼내서 선생님께 드렸습니다. 바스락거리는 종이 뭉치가 한 움큼 묵직한 것이, 정말 정이는 많은 것들을 적은 것 같았습니다. 선생님은 정이의 과제를 그 자리에서 훑어보기 시작하셨습니다.

몸이 불편한 정이는 평소 집 앞의 꽃을 보는 것도, 가끔 내리는 비를 바라보는 것도 모두 기쁨이라고 했습니다. 학교 숙제가 힘들지만 그것도 재미있고 즐겁다고 할 정도였습니다. 심지어 친구들의 행동 하나하나와 그들의 말, 가족들의 도움이 모두 즐거운 일이라고 적혀 있었습니다. 선생님은 정이의 따뜻한 마음에 무척 감동했습니다.

4 철학 논술 수업이 시작되다

정이를 마지막으로 6학년 1반 아이들은 모두 과제를 냈습니다. 그리고 토요일이 되었습니다. 토요일 1, 2교시는 대청소 시간이었고, 3, 4교시에 드디어 대망의 철학 논술 반 수업이 시작되었습니다.

교감 선생님은 아이들 모두에게 철학 논술을 들으라고 했지만 정작 명논수 선생님은 조례시간에 그동안 하던 활동을 계속 해도 된다고 하셨습니다. 그래서 그런지 2교시가 끝난 쉬는 시간이 되자, 아이들은 주춤주춤 도서관으로 운동장으로 뿔뿔이 흩어져 사라졌습니다. 그리하여 정작 철학 논술 반 수업을 하겠다고 할미 느티나무 아래 모인 것은 즐거운 3인방과 별난 3인방, 그리고 반장 재석이와 정이가 전부였습니다.

할미 느티나무 아래서 아이들을 기다리던 선생님은 10분이 지나도 더 이상 아무도 오지 않자 자리에 앉으며 말씀하셨습니다.

"생각보다 아이들이 관심이 없군. 과제까지 내줘서 다들 한 번은 참가할 줄 알았는데…… . 이런, 이런, 이런~."

선생님께선 별로 크게 개의치 않는 듯 장난스럽게 말씀하셨습니다.

선생님은 학생들의 글을 모두 읽어 보았는데, 다들 쓰기 싫어서 대충 쓴 경우가 많다고 하셨습니다. 그래서 조례시간에 꼭 철학 논술 반을 할 학생들만 할미 느티나무로 오라고 했던 것이었습니다. 물론 8명은 예상보다 약간 적긴 했지만요.

"그래도 선생님이 딱 바라던 대로인 걸."

선생님은 뭔가 흡족한 투로 말씀하셨습니다. 사실 아이들은 처음에 너무 적은 수가 아닌가 하고 선생님께 죄송했거든요. 그런데 선생님께서 별로 기분 상해하지 않자 다들 편한 마음이 되었습니다.

"저희도 딱 좋아요. 몇 명 없으니까요!"

"맞아요!"

"옳소!"

순이가 말하자 재석이와 자현이도 덧붙여 말했습니다. 별말 없이 앉아 있는 즐거운 3인방은 새로운 담임 선생님과 함께 하는 철학 논술 수업에 호기심이 끌려서 온 거라, 더 지켜볼 요량으로 아직 잠자코 있는 모양이었습니다.

"자, 그럼 이제 수업을 시작해 볼까?"

선생님께서 수업 시작을 알렸습니다. 그리고 노란색 봉투를 꺼내 아이들이 냈던 과제를 각자에게 돌려주었습니다.

"여러분이 쓴 과제는 모두 잘 읽었습니다. 선생님이 과제로 무엇을 주었지요?"

"즐거운 일에 대한 것이요!"

아이들은 크게 대답했습니다.

"그런데 어디 보자. 달인이, 고린이, 마송이, 순이, 중민이, 자현이, 정이, 재석이…… 이렇게 모두 8명이구나. 여기 있는 여러분이 써낸 것을 떠올려 보니, 즐거움을 추구하는 방법이 두 가지로 나뉜다는 생각이 드네요."

아이들에게 선생님이 말씀하셨습니다.

"예를 들면, 재석이와 고린이, 달인이와 마송이는 스스로 보고 듣고 움직이면서, 무언가 행동으로 해야지만 얻을 수 있는 즐거움을 추구하고 있습니다. 말하자면 감각적 즐거움, 감각적 쾌락이라는 것이죠."

선생님께서 말씀하셨습니다. 아이들은 문득 움츠러든 표정이 되었습니다. 그리고 서로 눈치를 보며 돌려받은 원고지에 '감각적 쾌락' 이라는 말을 슬쩍 적어 놓았지요. 그러자 몇 명은 또 황급히 공책과 필기도구를 꺼내 적었습니다. 말이 너무 낯설고 어렵게 느껴져서 당황했나 봅니다. 선생님께서 그런 아이들 마음을 아셨는지, 자세히 설명하셨습니다.

"감각적이라는 말은 직접 느끼고 체험하는 것입니다. 보거나 듣거나 냄새를 맡거나 맛을 보거나 만져 보거나 하는 것 말입니다. 보는 것을 시각, 듣는 것을 청각, 냄새 맡는 것을 후각, 맛보는 것을 미각, 그리고 만지는 것을 촉각이라고 하죠. 아마 여러분이 시를 배우면서 시상 이야기를 할 때 들어 보았을 거예요. 그렇죠?"

선생님 물음에 크게 대답하진 못했지만, 아이들은 예전에 배웠던 것 같다고 저희들끼리 소곤거렸습니다. 선생님은 계속 말씀하셨습니다.

"이렇게 감각적으로 느껴야 하는 즐거움 말고 정신적인 즐거움도 있습니다. 순이와 정이, 중민이와 자현이가 그러합니다. 이들은 감각적인 것을 통해서 즐거워하고 기뻐하기보다는, 마음 상태가 편안할 때 정신적으로 즐거움을 느끼는 것입니다."

선생님이 아이들의 눈을 쳐다보며 말씀하셨습니다. 그리고 또다시 준비해 온 프린트를 꺼내어 아이들에게 나누어 주기 시작하셨습니다. 거기에는 '에피쿠로스', '감각적 즐거움', '정신적 즐거움' 같은 방금 선생님이 말씀하신 단어들이 적혀 있었습니다.

프린트를 받은 아이들은 속으로 괜히 적으면서 들었다고 생각했습니다. 선생님께서 이렇게 준비해 주실 것을 미리 알았다면 좋았을 걸……, 하면서요.

"에피쿠로스가 뭐예요?"

궁금증이 많은 재석이가 손을 번쩍 들더니 선생님께 질문을 하였습니다.

"에피쿠로스는 그리스의 철학자입니다. 우리가 몇 주 동안 배우게 될 즐거움에 대해 이야기를 할 때 빼놓을 수 없는 사람입니다.

우린 앞으로 이 사람 이야길 많이 하게 될 거예요."

첫 수업의 첫 교시는 그렇게 수업 계획에 관한 얘기도 하고, 그 냥저냥 잡담도 하고, 또 철학 논술 반에 참석하지 않은 아이들이 원고지에 써 온 내용을 이야기하며 흘러갔습니다.

어느새 3교시가 끝났습니다. 학교 뒤 언덕에 마련된 원탁에 앉아서 수업을 받기 때문에 종소리가 희미하게 들렸습니다. 아이들은 종소리를 듣지 못했지만 선생님께서 쉬는 시간을 알려주시며 화장실에 다녀오라고 하셨습니다. 물론 선생님 자신도 화장실로 가시면서요.

정이는 휠체어 때문인지 볼일 볼 생각이 없어서인지 화장실에 가지 않았습니다. 순이는 정이에게 잠시 기다리라고 하고 자현이와 화장실에 갔습니다. 중민이와 재석이는 풀밭에 벌렁 누워 버렸습니다. 즐거운 3인방은 할미 느티나무를 벽 삼아 축구공을 차서 맞추기를 하고 있었습니다.

"어이, 중민, 재석. 같이 찰래?"

고린이가 말했습니다.

"됐어. 배도 고프고."

재석이가 대답했습니다.

"나도 그냥 이러고 있을래."

중민이도 대답했습니다. 즐거운 3인방은 중민이와 재석이가 참 재미없는 애들이라고 생각했습니다. 조금 배가 고파 오는 건 사실이었지만, 몇 분 되지도 않는 쉬는 시간을 저렇게 아무 것도 하지 않고 보낼 수는 없었지요.

고린이가 공을 세차게 찼습니다. 그러자 공이 나무에 맞고 튕겨 나가면서 언덕 아래로 굴러가기 시작했습니다.

"앗, 안 돼!"

그때 선생님이 올라오시면서 굴러 내려가는 공을 발로 낚아채 올렸습니다. 그러더니 공을 통통 차내며 무릎, 어깨, 머리에 번갈 아 튕기다가 마지막에 뻥 하고 다시 고린이 쪽으로 차 주셨습니다. 아이들은 텔레비전 속 서커스에서나 볼 수 있을 것 같은 광경에 그만 넋을 잃었습니다.

"네가 축구를 그렇게 잘한다는 골~인! 아니, 오고린이구나!"

선생님께서 보물이라도 발견한 듯 말씀하셨습니다.

"언제 한번 선생님이랑 한 게임 어때?"

"네, 좋아요."

"다음 주에 고린이가 축구에 대한 감각적인 즐거움에 대해 발표를 한번 해볼까?"

그러자 고린이가 질색을 하며 손 사레를 쳤습니다.

"안 돼요, 안 돼. 저는 말 잘 못해요. 안 돼요. 절대 안 돼요. 발표라고는 해본 적도 없는데요, 선생님!"

고린이는 거의 울 것처럼 말했습니다. 그러자 선생님께서 껄껄웃으시며 곁에 서 있는 달인이에게 야릇한 미소를 지으셨습니다.

"넌 어때? 네가 해보면 어떨까? 달인아?"

달인이는 고린이의 난감해 하는 얼굴을 힐끔 보았습니다. 그리고 '으이그……' 하는 표정을 짓더니, 선생님께 '예' 하고 대답했습니다. 고린이는 하늘이 꺼져라 안도의 한숨을 내쉬었습니다.

"야, 넌 낚인 거야. 그래도 걱정 마. 우리가 많이 도와줄게."

마송이가 달인이에게 귓속말을 하며 등을 두들겼습니다. 고린이도 달인이의 어깨에 손을 척 올려놓고는 꽉 움켜쥐었습니다.

에피쿠로스의 삶과 철학

에피쿠로스는 하나의 이론을 제공한 철학자라기보다는 올바른 삶의 태도가 무엇인가를 가르친 사람입니다. 그는 사람들이 잘못 생각하고 사는 것에 대해 비판하고, 그러한 잘못된 삶에서 벗어날 수 있도록 애쓴 사상가입니다. 즉 사람들이 잘 살 수 있도록 삶의 방식을 계몽시킨 철학자라고 말할 수 있습니다.

에피쿠로스는 기원전 341년에 사모스라는 섬에서 태어났습니다. 그가 18세가 되어 아테네로 갔을 때, 그곳은 알렉산더 대왕이 죽은 후 정치적 혼돈 속에 있었습니다. 에피쿠로스는 여러 스승을 찾아서 공부를 했지만 만족할 만한 스승을 만나지는 못했습니다. 다만 피론이라는 회의주의 철학자에게는 많은 영향을 받았다고 합니다.

에피쿠로스는 31세 때부터 마침내 스스로의 힘으로 사람들에게 철학을 가르치기 시작했습니다. 어느 정도 제자들이 모여들자 제자들과 함

께 당시 학문의 도시 아테네로 갔습니다. 아테네의 교외에 정원을 사서 자신의 이름을 딴 '에피쿠로스의 정원'이라 이름을 붙였습니다. 그리고 자신을 이해해 주는 사람들을 불러 모아서 공동체 생활을 하기 시작했습니다.

그리하여 그는 기원전 271년에 삶을 마감할 때까지 그 공동체 안에서 제자들과 함께 연구하며 생활하였습니다. 이 공동체는 스승과 제자 사이의 상호 존경과 우정으로 유지되었습니다. 스승은 제자들을 미신과 공포로부터 자유롭게 하였으며 제자들은 스승의 가르침에 따라 행복한 삶을 살았습니다.

에피쿠로스가 만든 공동체는 그야말로 개방된 공동체였습니다. 그는 자신의 정원에 찾아온 사람들에게 세심한 관심을 보였으며, 항상 그들을 도와줄 준비를 하고 있었습니다. 그래서 당시 사람 이하의 취급을 받았던 노예나 거리의 여자들까지 찾아와 함께 생활하였습니다. 에피쿠로스가 이끈 공동체는 스스로 생활을 꾸려가는 자족적인 공동체로서 에피쿠로스의 철학을 비판하는 사람들도 매우 부러워할 정도로 행복했다고 합니다.

2

몸을 통한 즐거움

 "일생 동안의 축복을 만들기 위해, 지혜를 필요로 하는 일들 중에서,
가장 위대한 것은 우정의 소유이다."

― 에피쿠로스

1 내가 원하는 철학 논술 공부?

쉬는 시간이 끝나고 다시 수업이 시작되었습니다. 명논수 선생님은 원탁 위에 작은 칠판을 올려놓으셨습니다. 그리고 거기에 '내가 원하는 철학 논술 공부'라고 적으셨습니다. 그리고 이 주제에 대해 자유롭게 이야기를 해보라고 하셨습니다.

이미 지난 시간에, 선생님께서는 철학 논술이 대략 무엇인지 알려주시면서 이 시간에는 즐거움에 대해 토론해 나갈 거라고 말씀하셨습니다.

'쳇, 철학 논술이 무엇인지도 모르는데 뭘 말하라는 건지.'

고린이는 아까 당황했던 일도 그렇고, 선생님이 괜히 불편하고 싫었습니다. 다른 아이들도 주변 친구들의 얼굴만 바라볼 뿐이었습니다.

"선생님! 저희는 아직도 철학 논술이 뭔지도 몰라요. 그래서 '내가 원하는 철학 논술 공부'를 생각해 내는 것도 어렵습니다."

재석이는 역시 반장답게 말을 잘합니다.

"그래요. 선생님도 알고 있어요. 철학 논술 공부라고 말하니까 괜히 어렵고 힘든 공부라는 생각이 들지요?"

"네!"

아이들이 무척이나 공감하며 대답했습니다.

"하지만 재미있게 공부하는 것이 무엇보다 중요합니다. 공부라고 생각하든, 하지 않든 재미있고 즐거워야 해요. 그게 바로 쾌락이죠. 쾌락이란 다름 아닌 즐거움입니다. 여러분도 그렇게 재미있게 자신이 원하는 철학 논술 공부를 했으면 좋겠습니다."

선생님은 결의에 찬 목소리로 말씀하셨고, 아이들은 모두 그런 선생님의 표정에 주목했습니다.

"우리가 철학 논술 반에서 할 수업은 자기가 즐겁고 재미있게 하는 일에 대해서 그것이 왜 즐겁고 재미있는지, 그리고 어떻게 재미있는지 다른 사람에게 설명해 주는 것입니다. 그래서 선생님이 첫 과제로 자기가 좋아하는 것을 쓰라고 한 것입니다."

선생님 말씀에 아이들은 모두 고개를 끄덕였습니다.

"선생님! 논술은 책을 읽는 것이 아닌가요?"

옆에서 선생님의 말을 심각하게 듣고 있던 중민이가 말했습니다.

"물론 그 말도 맞긴 하지만 꼭 책을 읽는다고 논술이 되는 것은 아니지요. 책의 어떤 내용들이 논술과 연결될 순 있겠지만."

"선생님! 그럼 토론도 안 하나요?"

마송이가 다시 선생님께 물었습니다.

"의견을 나누다 보면 자연스럽게 토론이 이루어질 거예요. 사람들이 다 똑같은 쪽으로 생각하는 것은 아니니까요. 아무튼 여러분들은 자기가 좋아하는 무엇인가를 하고 있다는 느낌을 갖고 이 수업에 임해 주면 좋겠어요."

선생님은 아이들에게 당부를 하셨습니다.

"그리고 다음 주부터 발표를 시작할 것입니다. 자기가 좋아하는 것에 대해 발표하면서 즐거움에 대한 이야기를 나눌 겁니다. 이야기를 하면서 즐거움을 찾다 보면 지난 시간에 선생님이 말했던 에피쿠로스도, 그가 말한 감각적 즐거움이나 정신적 즐거움 또한 이해하게 될 것입니다."

선생님은 잠시 말을 멈추고 아이들을 둘러보더니 말씀하셨습니다.

"그럼 6학년 1반 반장인 재석이가 철학 논술 반 반장도 해주었으면 좋겠는데, 다들 어때요?"

"상관없어요."

"그래, 재석이 네가 해."

"네, 제가 할게요."

아이들은 아무래도 좋다는 말투로 동의했습니다. 재석이도 나쁠 것 없다는 듯 대답했습니다.

다음 시간에 달인이가 첫 발표를 합니다. 그리고 마송이와 고린이, 재석이가 한 팀이 되어 달인이 다음으로 발표를 합니다. 그리고 그 다음 주에는 나머지 네 명이 한 팀이 되어 발표를 하기로 하였습니다.

2 게임, 그 이유 없는 재미

한 주가 금방 지나고, 또다시 금요일이 되었습니다.

원래 처음 발표를 시작하는 사람은 가장 두렵고 떨리기 마련입니다. 철학 논술 반의 본격적인 수업이 시작되는 바로 내일, 달인이가 첫 번째로 발표를 합니다. 이것은 달인이에게 큰 모험입니다.

아무리 남들이 모두 인정하는 게임의 지존이라 해도, 아무리 할미 느티나무 그늘 아래서 편안하게 하는 수업이라고 해도, 막상 모든 친구들이 집중해서 지켜보는 철학 논술 시간에 발표를 하려니, 달인이는 생각만 해도 다리가 후들거렸습니다. 어째서 지난주에 할미 느티나무 아래서 발표를 하겠다고 고개를 끄덕거렸는지 달인이 자신도 알 수 없었습니다. 정말 불가사의한 일이었습니다.

'아무래도 내가 귀신에 씌었던 것이 분명해. 에이, 기분 나빠.'

달인이는 지금이라도 안 하겠다는 듯 고개를 좌우로 돌려보았습니다. 그러나 쓸데없는 일이었습니다.

고린이가 달인이를 향해 축구공을 발로 찼습니다. 오늘따라 달인이에게 축구공은 전혀 매력적이지 않았습니다.

"아, 오늘은 축구할 기분이 안 나."

달인이가 고린이에게 푸념하듯 말했습니다. 고린이도 달인이의 마음을 알았는지 더 이상 조르지 않고 혼자서 공을 가지고 놀기 시작했습니다.

"준비는 한 거야?"

마송이가 달인이에게 묻자 달인이가 큰 소리로 대답했습니다.

"아니!"

마송이는 뭔가 준비를 한 듯 주머니에서 종이 한 장을 꺼냅니다.

"자, 이거! 도움이 될지 모르겠다."

그 종이에는 '발표 잘하는 법'이라는 제목 아래 몇 가지가 적혀 있었습니다. 그 내용은 이런 것이었습니다.

1. 발표 전에 인사를 먼저 한다.
2. 게임을 좋아하는 이유를 말한다.(생각해 봤는데 난 이유를 잘 모르겠다.)
3. 게임 할 때 드는 기분이나 생각을 잘 말한다.(아이들 얼굴을 쳐다보면서 자신 있게 말해야 해.)
4. 게임의 좋은 점과 나쁜 점을 말한다.(좋은 점: 머리가 좋아짐. 손가락이 유연해짐, 컴퓨터를 잘 하게 됨. 나쁜 점: 공부에 방해가 됨. 많이 하면 머리가 아픔.)
5. 질문을 받는다.(내가 쉬운 질문을 할 게.)

마송이도 어젯밤에 달인이의 발표를 위해 이것저것 생각해 본 것 같았습니다.

"나도 이 순서대로 할까 해."

마송이가 말했습니다.

"어디 봐, 나도."

옆에 있던 고린이가 자기도 보여 달라며 끼어들었습니다. 그날 즐거운 3인방은 방과 후 늦은 시간까지 한참을 쑥덕거리다 헤어 졌습니다.

다음 날이 되어 모두 철학 논술 수업에 모였습니다. 선생님께서 는 칠판에 '몸을 통한 즐거움'이라고 쓰시고는 달인이에게 발표 를 시작하라고 하셨습니다.

달인이는 먼저 인사를 했습니다. 그리고 아이들의 얼굴을 빙 둘 러보았습니다.

"제가 제일 즐거워하는 것은 무엇보다 게임입니다. 왜 게임을 좋 아하는가 스스로에게 질문을 해봤는데요, 딱히 특별한 이유가 있 는 것 같지는 않습니다. 그냥 재미있고, 게임을 할 때 아무 생각없 이 거기에만 집중할 수 있으니까 좋은 거라고 생각합니다."

달인이는 떨리는 목소리를 진정하면서 이야기를 잘 풀어 나갔습 니다.

"게임을 좋아하는 이유가 없다고 말했지만, 아무런 이유도 없이 무조건 좋을 수가 있을까요?"

갑자기 자현이가 손을 들고 물었습니다. 질문을 받은 달인이의 눈이 반짝거렸습니다.

"그래서 저도 이유가 무엇인지 곰곰이 생각해 보았는데 알 수 없었어요. 뭐라고 말할 수 없어요. 그냥 무조건 좋은 것 같아요. 게임을 하다 보면 다른 어떤 생각도 나질 않아요. 오직 게임, 거기에만 집중을 하게 되고 그러면 온몸이 그 게임 안에서 싸우는 것 같은 기분이 들면서……. 뭐라고 할까요? 그냥 좋아요. 온몸이 짜릿해지는 것 같아요. 그러니까 그냥 좋고 끌려요."

달인이가 솔직하게 느낀 점을 말했습니다. 선생님은 아이들이 앉아 있는 원탁 주위를 내내 왔다 갔다 하며 듣고만 계셨습니다. 아이들이 질문을 하든 발표를 하든, 한쪽 귀만 열어둔 채 관찰만 하시는 것 같았습니다.

달인이의 발표를 그 누구보다도 관심 있게 지켜본 친구는 마송이와 고린이, 그리고 재석이었습니다. 왜냐하면 달인이 뒤를 이어 발표를 해야 하기 때문이었습니다.

"부모님한테 혼나지는 않나요?"

순이가 물었습니다.

"많이 혼납니다. 그래도 게임하는 것이 좋아요. 사실 우리 집은 농사를 합니다. 그래서 바쁠 때가 많습니다. 그런데 전 부모님을 잘 돕는 편도 아니거든요. 그래서 그런지 게임을 오랫동안 하면 늘 혼이 납니다. 그래도 전 게임하는 것이 좋습니다. 그냥 좋아서 하니까 혼나도 게임을 할 수만 있다면 괜찮습니다."

달인이가 다시 대답했습니다.

"게임을 하면 장단점이 있을 것 같은데 말해 주세요."

마송이가 질문했습니다. 어제 방과 후 이곳에서 발표 작전을 세우면서, 달인이에게 질문하겠다고 했던 것이었습니다.

"게임을 하면 일단 전략을 잘 세워야 하기 때문에 머리가 좋아집니다. 또 손가락을 많이 사용하기 때문에 유연성이 좋아집니다. 또 기본적으로 컴퓨터에 대한 지식을 알아야 하기 때문에 컴퓨터도 잘하게 됩니다. 물론 너무 많이 하다 보면 공부에 방해가 된다거나, 가끔 게임이 풀리지 않을 때는 머리가 아픈 경우도 있습니다."

달인이도 미리 준비해 온 답에 좀 더 자세히 덧붙여 대답합니다.

"더 이상 질문 없습니까?"

아이들은 더 이상 질문을 하지 않고 박수를 쳤습니다.

"다음은 누가 발표를 해볼까요?"

선생님께서 사회자처럼 말씀하시자 한참 동안 침묵이 흘렀습니다. 마송이와 고린이, 재석이 중 누가 먼저 발표할 것인지 정하지 않았기 때문입니다. 그런데 갑자기 고린이가 손을 들었습니다. 발표를 싫어한다더니 이상한 일이었습니다. 아무래도 자기 대신 먼저 발표를 한 달인이에게 미안했나 봅니다.

3 축구, 그 슬픔의 표현

"전 심심하고 슬프기 때문에 축구를 합니다. 밤에 혼자 방에 있으면, 무섭기도 하고 불안해요. 그래서 밖으로 나가 축구공을 찹니다."

고린이의 발표가 시작되었습니다.

고린이가 처음 즐거운 3인방 아이들과 축구가 좋은 이유에 이야기했을 때는 축구 선수 이야기를 했습니다. 박지성 선수처럼 되고 싶어서 축구를 한다고 썼던 고린이인데, 갑자기 고린이는 '슬프기 때문에' 라는 전혀 다른 말을 꺼냈습니다.

"제가 좋아하고 즐겨하는 것은 축구입니다. 친구들과 학교 운동장에서 뛰는 것은 물론이고 집에 가서도 언제나 혼자 축구를 합니다. 가방을 두고 곧장 밖으로 나와서요."

아이들은 고린이의 말에 귀를 기울였습니다. 늘 장난이 심하고 말도 못하고 그저 축구만 좋아하는 줄만 알았는데, 오늘 보니까 발표도 잘하고 나름대로 생각도 많은 아이 같았습니다.

"우리 동네에는 축구하기 좋은 자리가 많습니다. 특히 지금 이 할미 느티나무가 있는 곳은 제 단골 놀이터입니다. 왜냐하면 혼자 축구를 하려면 이곳에 와서 할미 느티나무에 공을 차는 게 제일 좋기 때문입니다."

여기까지 발표를 하던 고린이의 눈에 갑자기 눈물이 고였습니다. 아이들과 선생님 모두 그걸 보고는 기분이 이상해졌습니다.

고린이는 할머니와 둘이 살았습니다. 그런데 할머니가 암에 걸려 병원에 입원한 후로는 줄곧 혼자 집에 있었습니다. 원래 부모님과 같이 살았지만 부모님이 이혼하시면서 고린이를 맡아 줄 사람이 없어서 할머니 집으로 온 것이지요. 그런데 할머니가 아프시니까 고린이도 마음이 많이 아픈 모양이었습니다. 마을 사람들

모두 고린이의 사정을 이미 알고 있었습니다.

즐거운 3인방 중 달인이네는 고린이네 집에 쌀을 대줍니다. 인삼이랑 담배 농사 외에 쌀농사도 짓기 때문이라지만 그렇게 도와준 것이 벌써 5년이 넘었습니다. 달인이는 속으로 예전에 아버지가 하셨던 말을 떠올렸습니다.

'아이구. 뭐 노인네랑 쪼만한 애 둘이 먹고 사는데, 1년이라 봤자 얼마나 먹는다고!'

달인이네뿐만 아니라 마송이네도 고린이네 집을 돕습니다. 마송이네는 아버지 없이 어머니 혼자 노래방을 운영하시면서 생활합니다. 그래서 두 가족의 어려움을 잘 아는 마송이 어머니는 매번 반찬이나 김치를 만들 때마다 고린이네 냉장고부터 채워 주십니다. 혼자 사는 고린이가 혹 굶기라도 할까 염려해서입니다. 처음에는 고린이에게 집에 와서 밥을 먹으라고 했지만, 매번 그렇게 되자 미안했던지 고린이가 식사 때가 되도 오지 않기 시작했습니다. 그러자 마송이네 어머니는 고린이를 집으로 부르는 대신 냉장고에 반찬을 채워 주기 시작하신 것입니다.

"할미 느티나무는 우리 할머니와 많이 닮았습니다."

달인이와 마송이가 그런 생각을 하는 사이 고린이가 다시 한마디를 덧붙였습니다.

"이상입니다."

고린이는 말을 잇기가 힘들었는지, 뚝 끊듯이 발표를 마쳤습니다. 아이들은 아무도 고린이에게 질문을 하지 않았습니다.

선생님께서 잠시 쉬는 시간을 주셨습니다. 그러자 고린이가 또다시 축구공을 꺼냈습니다.

아이들은 그런 고린이를 보며 조금 황당하면서도 참 신기한 녀석이라고 생각했습니다. 조금 전까지만 해도 울먹이며 발표하던 녀석이, 언제 그랬냐는 듯이 또다시 공을 차고 있었으니까요.

4 희로애락의 노래방

다음은 마송이와 재석이가 발표할 차례였습니다. 마송이는 조금 전까지만 해도 별로 떨리지 않았는데 막상 자기 발표 차례가 가까워지자 초조해졌습니다. 게다가 고린이가 한껏 가라앉혀 놓은 분위기 때문에 조금 부담이 되었습니다. 어떤 말로 시작해야 할지 마송이의 머릿속에는 아무 것도 떠오르지 않았습니다.

"마쏭! '그 방'에 대해 자세히 말할 거야?"

재석이가 먼저 질문 아닌 질문을 했습니다. 그러자 마송이는 담

담하게 대답했습니다.

"아직 결정 못했어."

마송이는 또 속으로 생각했습니다.

'하지만 곧 결정해야 해. 어떻게 하지.'

선생님께서 다시 사회자처럼 말씀하셨습니다.

"그럼 즐거운 3인방 중 마지막 타자인 마송이가 발표를 해볼까?"

마송이는 그 말에 무의식적으로 '네' 하고 벌떡 일어섰습니다. 마송이는 앞서 발표자들이 그랬던 것처럼 인사를 먼저 하고 발표를 시작했습니다.

"저는 '그 방'에 들어가서 제가 부르고 싶은 노래를 하면 정말 기분이 좋아집니다."

마송이가 입을 열었습니다.

"그 방이라니?"

아이들과 선생님 모두 마동이의 '그 방'이 궁금했습니다. 한 번도 들어 보지 못했던 마송이의 '비밀의 방'에 대한 이야기가 나올 차례이기 때문입니다.

"전 거의 매일 '그 방'에 가서 노래를 부릅니다."

마송이네 집은 노래방을 합니다. 어머니와 단 둘이 살고 있는 마송이의 별명은 '마 쏭!' 입니다. 왜냐하면 노래 제목만 대면 마구 쏭(노래)이 나오기 때문입니다. 마송이는 노래뿐만 아니라 춤도 무척 잘 춥니다.

"제가 가장 좋아하는 것, 즐거워하는 것은 노래와 춤입니다. 이상 끝."

마송이가 갑작스럽게 발표를 마치자 아이들은 당황했습니다. 무엇을 물어야 할지 몰라 모두들 허둥대는 모습이 분명했습니다.

"그게 뭐야. 그 방에 대해서 설명을 좀 더 해 주세요."

휠체어에 기대어 있던 정이가 물었습니다.

"제 방에는 당연히 노래방 기계가 하나 있습니다. 엄마가 특별히 준비해 주신 겁니다. 특별히 장사가 잘 되는 날이 아니면 그 방을 손님에게 주시지 않습니다. 1년에 한두 번 정도만 그 방이 공개됩니다. 그 방에는 음악 시디가 많습니다. 아버지가 모아 두셨던 거라 엄마와 제가 아끼며 매일 청소를 하는 것입니다."

마송이도 고린이가 축구 이야기를 들려줬던 것처럼 솔직하게 그 방에 대해 이야기를 했습니다.

"그리고 저만의 방법이기는 한데 네 개의 벽에 희로애락(喜怒哀樂)이라는 글자를 적어 두었습니다. 왜냐하면 매일 그냥 부르면 재미가 없어서, 그날 기분에 따라서 주제별로 노래를 부르고 춤을 춰야 하니까요."

"마 쏭! 대단하다."

"와~우! 언제 한 번 보여 줘!"

마송이의 말이 끝나자 다양한 반응이 쏟아져 나왔습니다.

약간 엉뚱한 중민이가 물었습니다.

"밤늦게 노래를 하면 이웃이 시끄럽다고 불평하지 않나요?"

대개의 아이들과 달리 중민이는 춤을 추거나 노래를 크게 부르는 것을 별로 좋아하지 않는, 조용한 성격의 아이였습니다.

"아니오. 소리가 새어 나가지 않게 그 방은 완전 방음 장치를 했습니다. 게다가 우리 집이 동네에서 유일한 노래방이라 그런지 노랫소리가 조금 들려도 시끄럽다고 신고하는 사람은 없습니다. 우리 집이 문을 닫으면 이 마을에는 노래방이 하나도 없게 되거든요. 그럼 사람들도 노래 부르고 싶을 때 갈 곳이 없을 거 아니에요?"

마송이의 재치 있는 답변에 아이들이 좋아하면서 막 웃었습니다.

"맞다, 맞아. 하나밖에 없는 노래방이잖아"

마송이의 발표가 왁자지껄하게 마무리가 되고, 마지막으로 재석이의 발표가 남았습니다.

5 재석이의 꿈은 요리왕

"자, 그러면 오늘의 마지막 선수, 반장 재석이가 발표를 해볼
까요?"

이번에도 선생님은 사회자가 되어 말씀하셨습니다. 재석이가 일
어서서 이야기를 시작했습니다.

"저는 음식 만드는 것이 좋습니다. 제가 만든 음식을 다른 사람
이 맛있게 먹을 때 기분이 좋고, 요리를 하는 일 자체도 무척 즐겁
고 행복합니다."

아이들은 재석이와 친하다는 생각은 못하고 있었습니다. 반장인 재석이는 자기 이야기를 하기 보다는 남의 이야기에 귀를 기울이는 친구이기 때문입니다. 사람들에게 자기의 이야기를 하려면 남의 이야기를 잘 들어줘야 한다는 것을 아이들은 재석이를 통해 느끼고는 했습니다.

재석이가 말을 이어 나갔습니다.

"사실 전 만화 보는 것도 참 좋아하는데요, 《장금이의 꿈》이라는 만화를 통해 요리의 달인이 되고 싶다는 생각을 했습니다. 제가 가장 인상 깊게 읽은 만화책은 《미스터 초밥왕》인데, 요리의 세계가 그렇게 다양하고 멋진 것이라는 것을 그때 처음 알게 되었습니다."

재석이는 그 외에도 자기가 요리에 점점 빠져들게 된 과정과, 음식 만들기의 매력을 알게 된 여러 가지 경험들을 또박또박 자세히 설명해 주었습니다.

"저는 먼저 부모님이 퇴근하시기 전에 집에서 혼자 요리를 합니다. 5학년 때부터는 엄마를 도와 반찬 만드는 법도 배웠습니다. 우리 집이 반찬 가게를 하기 때문입니다."

아이들은 깜짝 놀란 표정을 지었습니다. 재석이네가 반찬 가게를 하는지 오늘 처음 알았기 때문이지요.

"먼저 음식을 만들 때는 그 맛도 중요하지만 재료를 손질하는 것도 아주 중요합니다. 요리는 그것을 만드는 사람의 정성이 들어가야 하기 때문에 손이 많이 가는 일입니다. 게다가 눈으로 보는 것뿐만 아니라 냄새도 좋아야 하고, 씹을 때 느낌도 아주 중요합니다. 음식을 만들고 요리를 한다는 건 모든 감각이 조화를 이루어야지만 완성할 수 있다고 생각합니다."

재석이는 아예 준비해 온 글을 웅변가처럼 손으로 힘을 줘어 가면서 발표했습니다.

재석이는 자기가 가장 잘하는 것 하나를 보여 주면서 발표를 마치겠다고 했습니다. 그러더니 가방에서 주섬주섬 도마와 과도 등을 꺼내기 시작했습니다. 아이들은 눈이 휘둥그레 해졌습니다.

재석이는 친구들이 볼 수 있도록 잘 손질된 당근을 하나 들어 올렸습니다. 주황색으로 곱게 익은 당근이었습니다.

"뭐 이건 요리라고 할 건 아니고 간단한 건데요, 제가 당근 하나를 준비해 왔습니다. 먼저, 이 당근을 검지 길이만큼 자르겠습니다."

재석이는 당근의 굵은 뿌리 부분부터 눈대중으로 길이를 재더니 당근 허리를 쏭덩 잘랐습니다.

"그리고 이렇게 칼집을 냅니다."

재석이는 당근 뿌리의 중앙 부분에 1센티미터 간격을 두고 깊은 칼집을 냈습니다. 그리고 칼집 낸 부분과 직각이 되도록 밑을 잘랐습니다. 그것은 마치 크리스마스 나무의 밑 부분 같았습니다.

"와~!"

마송이가 탄성을 질렀습니다. 재석이의 손놀림이 제법 빠르고 능숙했기 때문입니다. 꼭 고린이가 게임 막판에 골대를 향해 축구공을 찰 때처럼 긴박함이 느껴졌습니다. 다른 아이들도 모두 눈이 동그랗게 커져 있었습니다.

"자, 그런 다음에는 나무의 모양을 내기 위해 부드러운 곡선으로 양쪽을 다듬습니다."

재석이는 뿌리 반대편의 정 중앙부터 당근의 겉 부분을 깎아 내며 칼로 곡선을 그렸습니다. 그랬더니 당근의 뿌리 부분은 나무의 기둥 모양이 되었고, 곡선 부분은 나뭇가지와 잎 모양이 되었습니다.

"나뭇잎 부분을 자연스럽게 만들기 위해서 또 한 번 칼집을 내주어야 합니다."

재석이는 다시 곡선 부분에 칼집을 내기 시작했습니다. 순식간에 벌어지는 일이라 아이들은 마냥 쳐다보고만 있었습니다. 재석이는 한 곡선에 3개의 칼집을 양쪽에 냈습니다.

"자, 다 완성되었습니다."

　재석이는 자기가 만든 나무 모양의 당근을 내밀었습니다.

"헤에……."

　아이들은 재석이가 대단했지만 당근이 썩 예쁘다고 생각하진 않는 모양이었습니다. 재석이는 아이들의 반응을 보며 씨익 웃더니 다시 말했습니다.

"자, 이걸 제가 접시에 올려 볼게요."

　재석이는 통으로 만들어져 있는 나무 모양의 당근을 얇게 자르기 시작했습니다. 그러자 나무 모양이 더 확연하게 드러났습니다. 게다가 신기하게도 잘린 단면의 색깔이 안쪽에서 겉쪽까지 조금씩 다르게 나타났습니다. 잘린 당근 조각들은 각각 다른 색깔에 다른 무늬를 띠고 있었습니다.

　재석이는 당근 조각들을 접시에 담기 시작했습니다. 발갛고 예쁜 나무 모양의 당근이 하얀 접시 위에 둥글게 깔려 완성품이 나왔습니다. 아이들은 그것을 보고 박수를 치기 시작했습니다. 재석이도 완성품에 만족하면서 모두에게 당근 조각을 하나씩 나눠 주었습니다. 아이들은 재석이가 준 당근을 아까운 듯 먹지도 못하고 손에 쥐고 바라보기만 했습니다.

"요리의 완성은 맛있게 먹는 데 있는 거야."

재석이는 당근 한 조각을 날름 입에 넣고 오독오독 씹으며 행복한 미소를 지었습니다. 그러자 아이들도 아쉬운 표정으로 당근을 깨물었습니다. 아이들은 당근을 얌얌 씹어 먹으며 행복한 표정을 지었습니다.

"다들 준비를 많이 한 것 같습니다. 특히 재석이는 당근도 준비해 와서 이렇게 재밌는 것도 보여 주고 또 나눠 먹기도 하고. 정말 알찬 발표였어요, 그렇죠? 수고 많았어요."

선생님께서 재석이의 머리를 쓰다듬으며 칭찬하셨습니다.

"지난 시간에 선생님이 말한 에피쿠로스가 생각납니까?"

"아니오~."

"전혀 안 나요~."

맛있는 당근을 먹어서 기분이 좋아진 아이들은 선생님께 농담조로 대답하며 깔깔 웃었습니다. 선생님도 빙그레 웃으시며 계속 말씀하셨습니다.

"에피쿠로스는 즐거움, 즉 쾌락에 대해 알기 위해서는 먼저 감각과 욕망을 알아야 한다고 했습니다. 여러분, 당근 맛이 어때요?"

"맛있어요!"

"당근 모양은 어땠어요?"

"너무 예뻤어요!"

"그런 게 바로 감각이에요. 감각은 우리 몸이 가진 보고, 듣고, 냄새 맡고, 맛보고, 느끼는 다섯 가지 능력입니다. 에피쿠로스는 우리가 느끼는 감각은 항상 참이라고 생각했어요. 하지만 에피쿠로스가 살았던 그 당시의 그리스 사람들은, 감각이 모두 거짓이거나 적어도 다 맞는 건 아니라고 생각하고 있었습니다. 우린 이 당근을 맛있게 먹고 있지만, 사실 이 당근은 맛있는 게 아닌데 우리가 잘못 느끼는 것일 수도 있다는 말이죠. 그렇게 생각하면 이 당근이 맛있다는 건 거짓이 되겠죠? 그래서 플라톤 같은 철학자는 감각을 통해서는 진리를 알 수 없다고 했지만, 에피쿠로스는 감각을 참이라고 생각했어요."

아이들은 입을 오물거리며 골똘한 표정이 되었습니다.

"이 당근이 원래는 맛있는 게 아닐 수도 있다고요?"

고린이가 의심 가득한 표정으로 물었습니다.

"그때 당시엔 그렇게 생각하는 사람들이 많았습니다. 감각으로 우리가 느끼는 것들은 거짓이라고요. 우리가 꿈을 꾸지만 꿈에서 보는 것들은 진짜가 아니죠? 가끔 말소리를 잘못 듣는 것처럼 말이에요. 하지만 에피쿠로스는 다르게 생각했습니다. 우리가 만약 감각을 받아들이지 않는다고 해보세요. 그럼 감각이 틀렸다는 건 어떻게 알죠? 감각이 맞고 틀리다는 기준을 아예 가지지 못하겠죠?"

"아……, 그게 또 그러네."

재석이가 고개를 끄덕이며 중얼거렸습니다. 그러자 다른 아이들도 따라서 고개를 끄덕거렸습니다.

"그래서 에피쿠로스는 감각을 참이라고 받아들여야 한다고 주장했습니다."

아이들은 선생님의 설명이 약간 어려웠지만, 재석이는 잘 알아들은 모양이었습니다.

"그럼 누가 옳은 거예요?"

"하하. 그건 아직까지도 풀리지 않는 수수께끼랍니다. 어쨌든 에피쿠로스는 우리가 생각한 것이 맞나 틀리나 알기 위해서는 보고 듣고 만져 봐야 한다고 생각한 겁니다. 즉, 감각의 검증을 받아야 한다고 본 것이지요. 우리가 느낀 것을 있는 그대로 보지 않고 거기에 이것저것 덧붙이게 될 때 잘못이 생긴다고 한 거예요."

그때 자현이가 조용히 손을 들었습니다.

"선생님, 이런 경우도 있잖아요. 여기서 볼 땐 학교 운동장 바닥이 평평해 보이는데, 실제로는 돌멩이도 많고 되게 울퉁불퉁하거든요. 그럼 감각이 거짓인 거 아니에요?"

"맞아, 우리 학교 트랙이나 좀 새로 바뀌었으면 좋겠어."

"난 잔디나 깔렸으면 좋겠다."

달인이와 고린이가 투덜댔습니다. 그러자 다른 아이들도 맞아, 맞아, 하며 몇 마디씩 웅얼댔습니다.

선생님이 씩 웃으며 말씀하셨습니다.

"자현이 말대로 보통 이러한 경우엔 우리의 감각이 틀렸다고 말합니다. 그러나 에피쿠로스는 이러한 현상을 감각의 잘못으로 보지 않고 멀리서 볼 때와 가까이서 볼 때의 감각의 현상이 다른 거라고 구분합니다. 즉 '평평해 보였다'는 것과 '평평하다'는 다른 것이죠. 감각이 '평평해 보인다'라고 받아들였지만, 그것이 곧 '평평하다'고 하는 건 아닙니다. 그걸 평평하다고 말하는 건 우리 입이죠."

"우리 입이요?"

자현이가 되물었습니다.

"우리가 입으로 뭘 하겠어요?"

"먹어요!"

재석이가 큰소리로 대답했습니다. 아이들이 피식 웃음을 터트렸습니다. 선생님도 웃으며 말씀을 이어가셨습니다.

"입으로 말을 하죠? 말을 한다는 건 우리가 생각한 걸 말하는 거잖아요. 사과는 빨갛다, 당근은 맛있다, 이런 게 다 뭐겠어요?"

"생각이요."

"그럼 운동장 바닥이 평평하다, 이거는?"

"그것도…… 생각이요."

자현이가 약간 자신없는 목소리로 대답했습니다. 아이들은 흥미롭다는 듯이 선생님과 자현이의 대화에 집중했습니다.

"그럼 운동장 바닥이 평평해 보이는 걸로 받아들인 감각이 잘못된 걸까요, 운동장 바닥이 평평하다고 하는 우리 생각이 잘못된 걸까요?"

"생…… 각…… 이요."

자현이는 마치 자기가 잘못하는 것처럼 우물쭈물 대답했습니다.

그러자 선생님께선 자현이 머릴 쓰다듬어 주시며 호쾌하게 말씀
하셨습니다.

"하하, 너무 어렵게 생각할 건 없습니다. 에피쿠로스가 그렇게
주장했다는 거니까요."

자현이는 그제야 안심한 듯 한숨을 푹 쉬었습니다. 아이들도 뭔
가 일이 잘 풀렸다고 생각한 듯 키득대며 웃었습니다.

"다음 주에도 오늘처럼 발표 준비를 잘해 주세요! 아, 그러고 보
니 발표할 사람을 정해야 하지?"

선생님의 허둥대는 모습에 아이들은 깔깔거리며 웃었습니다.

앎의 기준이 되는 지각

에피쿠로스는 우리가 무엇을 참된 것으로 이해하려면 그 기준이 있어야 한다고 생각했습니다. 그리고 여러 기준 중에서 지각을 중요한 앎의 기준으로 삼았습니다. 자를 가지고 있어야 길이를 잴 수 있듯이 지각이 있어야 무엇을 알 수 있다고 에피쿠로스는 생각하였던 것이죠.

그런데 기준을 사용하기 전에 먼저 그 기준이 참된 것인지 알아야 합니다. 에피쿠로스는 자신이 주장한 지각의 기준이 확실하다고 믿었습니다. 왜냐하면 지각 자체는 잘못이 없기 때문입니다. 사람들이 지각에 오류를 덧붙임으로써 지각 내용을 변경하기 때문이 지각이 잘못된 것처럼 보일 뿐입니다.

예를 들면, 우리는 모난 탑을 멀리서 보고 그 탑이 둥글다고 말할 수 있습니다. 이것은 우리의 지각이 잘못된 것이 아니라 지각을 통해서 얻은 지식이 불완전하다는 것을 주의하지 않았기 때문입니다. 그래서 이러한 상황을 정확히 설명하면, 둥근 탑을 본다고 말할 것이 아니라, 지각에 따라서 멀리서 보면 탑이 둥글게 보인다고 말해야 한다는 것입니다.

이와 같이 지각 그 자체는 잘못이 없는데, 지각을 한 다음에 판단을 잘못한 것을 가지고 지각이 잘못된 것인 양 생각한다는 뜻입니다. 에피쿠로스에 의하면 지각 자체는 잘못이 없기 때문에 지각은 진리인 것입니다.

에피쿠로스에 따르면 우리가 무엇을 판단하려 하면 지각에서 출발할 수밖에 없습니다. 우리 주변에는 직접 지각되는 것이 있고 직접 지각되지 않는 것도 있습니다. 지각에서 출발하면 실제로 지각되지 않는 것도 존재하는 것으로 증명할 수 있습니다. 물론 지각된 것을 바탕으로 말입니다.

공간과 운동을 생각해 봅시다. 운동은 감각의 눈을 통해서 지각되지만 공간은 지각되지 않습니다. 그러므로 운동은 지각되기 때문에 존재하고 공간은 지각되지 않으니까 존재하지 않는다고 말할 수 있을까요? 공간은 직접 지각되지 않지만 운동이 일어나는 것을 보며 우리는 공간이 존

재한다는 것을 알 수 있습니다. 공간이 없는 경우에는 운동도 있을 수 없기 때문입니다. 따라서 에피쿠로스에게 있어서 지각은 우리가 무엇을 알기 위해서 가장 중요한 기준이 됩니다.

3

정신을 통한 즐거움

 "모두 배우고 나서 즐거움이 생기는 것이 아니라, 배움과 동시에
즐거움이 생긴다."

– 에피쿠로스

1 쾌락의 정원

두어 차례 수업을 가졌을 뿐이지만 철학 논술 반은 아이들에게 가볍게 말할 수 없는 중요한 시간이 되었습니다. 아직 발표를 하지 않은 정이와 별난 3인방은 지난 시간 발표를 너무 잘해 준 아이들 때문에 더욱 긴장이 됐습니다.

"야! 우리도 발표 준비해야 하는 거 아니니?"

자현이가 월요일부터 철학 논술 반 수업을 걱정하며 말했습니다. 중민이나 정이, 그리고 순이 모두 고개를 끄덕였으나 딱히 방법이 있지는 않았습니다. 그래서 네 명의 아이들은 '에피쿠로스의 쾌락'에 대해 먼저 조사를 하자는 의견을 나누고, 수요일 방과후에 할미 느티나무 아래 다시 모였습니다.

아이들은 다들 자신 없는 표정이었습니다. 하지만 아무 말도 없이 뚱하니 있을 수 없었는지, 철학 논술 반 수업에서 각자 발표할 주제에 대해 미적미적 이야기를 꺼내기 시작했습니다.

"정이와 나는 미사에 대한 이야기를 할 거야."

순이가 먼저 새침한 목소리로 입을 열었습니다. 정이와 순이는 어렸을 때부터 성당에 다녔다고 합니다. 특히 정이가 아프고 나서 정이 어머니는 정이에게 힘이 될 수 있는 것을 찾다가 종교를 가지기 시작했는데, 정이도 그때부터 성당에 다녔다고 합니다.

"나는 절 이야기를 할 거야."

중민이가 말했습니다.

"절?"

수줍음이 많은 정이가 되물었습니다. 정이는 휠체어에 앉아 있기는 하지만 말도 잘하고 항상 웃는 아이였습니다.

"음, 기대된다."

정이가 흥미롭다는 표정으로 중얼거렸습니다. 왜냐하면 정이는 휠체어 때문에 절에 가 본 적이 거의 없기 때문입니다.

"나는 낚시 이야기를 할 거야. 제목은 '자연 속에서 사는 기쁨' 정도로 정했어. 사실은 지난번에 이미 선생님한테 냈던 건데 그냥 그걸로 발표하려고. 우리가 한 팀이 된 건 다 이유가 있을 것 같으니까 말이야."

자현이가 말했습니다.

"내가 조사를 하다 보니까 에피쿠로스는 정원에서 제자들과 철학 이야기를 나누었다고 하더라."

중민이가 말했습니다.

"우리 에피쿠로스를 조사하기로 했잖아? 그래서 나는 순이랑 에피쿠로스의 생애를 좀 조사했어. 자, 너희들이 먼저 봐 봐. 이거 발표할 때 필요할지 모르니까."

"아, 나도 몇 가지 준비해 왔는데……."

정이가 자료를 나눠 주자 중민이도 주섬주섬 종이를 꺼내 아이들에게 돌렸습니다.

이렇게 해서 아이들은 각자 준비해 온 에피쿠로스 자료를 모두 나누어 읽고 모르는 부분에 대해 서로 이야기를 나누었습니다.

"지난번 애들처럼 우리도 인사 잘하고, 질문도 꼭 받자!"

"당연하지!"

자현이가 들뜬 목소리로 말하자 중민이도 얼른 대답했습니다. 머릿속으로는 잘할 수 있을 것 같으면서 한편으로 다들 긴장이 되나 봅니다.

"우리 발표하는 날에는 할미 느티나무의 이름을 잠시 '쾌락의 정원'으로 바꾸어 볼까? 내가 간판을 만들어 올게."

미술을 좋아하는 정이의 말에, 순이도 정이를 도와 '쾌락의 정원' 간판을 그리는 걸 돕겠다고 했습니다. 중민이는 절에서 배웠던 '다도'에 대해 찻잔 세트를 직접 가져와서 보여 주며 설명하겠다고 했습니다. 자현이는 집에서 기르는 작은 화분 몇 개를 가져와 정원 분위기를 내겠다고 했습니다. 자신감 없이 시작했던 아이들은 어느새 사기가 충천되어 철학 논술 반 발표를 위해서 많은 것을 준비하고 있었습니다.

토요일 철학 논술 반 시간이 되었습니다. 오늘 발표를 하게 될 아이들은 다른 아이들보다 먼저 와 있었습니다.

먼저 정이는 스티로폼 위에 예쁘게 종이를 붙여 만든 '쾌락의 정원'이라는 글씨를 꺼내 놓았습니다. 순이는 스티로폼에 구멍을 뚫고 끈을 연결해 할미 느티나무 가지에 묶었습니다. 원탁에서 가장 잘 보이는 자리에 매달아 놓은 것이지요.

중민이는 다도 준비를 위해 집에서 가져온 찻잔 세트를 원탁에 늘어놓았습니다. 4명이 먹을 수 있는 세트 2개와 자기가 매일 먹는 잔 1개를 더 가져왔습니다. 짐이 많아서 어머니의 도움을 받았다고 했습니다.

자현이는 발표자 중에서 조금 늦게 왔는데, 손에 들고 온 예쁜 꽃들을 원탁에 하나, 할미 느티나무 옆에 하나 놓았습니다.

이렇게 모든 준비를 다 마치자 정말 할미 느티나무 밑 원탁 주위가 정원이 된 것 같았습니다. 게다가 아이들이 무엇인가 발표와 토론 준비를 위해 들썩거리는 모습은 아주 보기 좋았습니다.

반 아이들이 차례대로 왔습니다. 담임 선생님은 10시 반이 되어서 오셨는데, 이번 주 발표를 위해 준비해 놓은 것을 보시더니 무척 흡족한 표정을 지으셨습니다.

2 하얀 미사포의 힘

순이는 체구가 아주 작은 아이입니다. 턱은 유난히 뾰족하게 보이고, 손가락은 파르르 가늡니다. 속눈썹은 진하면서도 깁니다. 순이는 외모로 보면 아주 약하게 생겼지만 발표할 때는 매우 야무집니다. 게다가 목소리는 유난히 또랑또랑하기 때문에, 친구들이 순이의 말을 듣다 보면 어느새 저절로 공감하게 된다고 말합니다.

이번 철학 논술 반 발표도 평소의 그녀답게 또랑또랑 야무진 목소리로 이야기하기 시작했습니다.

"저는 정이와 함께 성당 이야기를 할 것입니다. 먼저, 제가 준비한 이야기부터 하겠습니다. 제가 성당에 다니기로 결정한 것은 순전히 머리에 쓰는 하얀 미사포 때문이었습니다. 미사포는 성당에서 예배할 때 여자들이 머리에 쓰는 것을 말합니다."

순이가 자신이 준비한 미사포를 펼쳐 보이면서 말했습니다. 아이보리 색의 미사포에는 이상한 문양이 있었습니다.

"제가 성당에 매주 나가기 시작한 3학년 때 일입니다. 우연히 친구를 따라 성당에 갔는데, 미사포를 쓴 친구의 모습이 너무 예뻐 보이고 좋았습니다. 그래서 나도 그걸 쓰고 싶어서 성당에 다니기로 마음을 먹게 되었습니다."

아이들은 순이의 말에 집중을 하면서도 가끔 정이의 얼굴 표정을 살펴보곤 했습니다. 왜냐하면 그 둘은 쌍둥이지만 웃는 모습이나 목소리 등이 많이 달랐기 때문입니다.

"어느 화창한 초여름 날이었습니다. 우리는 성당 앞에 서 있던 미루나무의 초록색 잎을 보면서 안으로 들어갔습니다. 오르간의 은은한 소리가 제 발길을 안내해 주었습니다. 건물 안은 민소매를 입었던 제게 약간 서늘하게 느껴졌습니다."

순이는 《빨강머리 앤》의 앤처럼 감정이 풍부한 아이였습니다.

"그런데 약간 추웠지만, 정신은 더욱 맑아지는 것이, 마음이 순수해지는 기분이었습니다. 이윽고 자리에 앉은 친구는 하얀 미사포를 꺼냈습니다. 그것은 차곡차곡 접혀 있었습니다. 그때 저는 그것이 무엇인지 몰랐습니다. 그런데 나중에야 그것이 미사포라는 것을 알았습니다."

순이는 말을 하는 내내 미사포를 만지작거리고 있었습니다.

"이름도 알지도 못한 상태에서 전 그것에 마음을 뺏긴 셈이었습니다. 친구는 미사포를 조심스럽게 펴더니 머리에 쓰는 것입니다. 까만 머리가 순식간에 하얀색으로 변한 거예요. 순간 어떤 감정이 제 가슴을 탁 치는 것을 느꼈습니다. 그리고 마음이 편안해졌습니다. 그 이후로 친구와 함께 성당에 다니고 있습니다. 제게 성당에 다니는 것은 큰 기쁨입니다."

순이가 말을 마쳤습니다. 아이들은 순이의 맑고 고운 목소리가 가슴에 탁 부딪쳐 오는 듯한 감동을 받았습니다. 그러나 미사포 때문이라는 순이의 말을 정확하게 이해하기는 힘들었습니다.

이윽고 정이도 자기가 준비한 종이를 펼쳤습니다. 그리고 크게 심호흡을 하면서 발표를 시작하였습니다.

"제가 처음 성당에 가게 된 것은 순이를 따라서입니다. 제가 소아마비에 걸려 이렇게 되었다는 것은 여러분도 잘 알고 있지요?"

정이는 자기가 앉아 있는 휠체어를 가리키면서 말했습니다. 아이들은 조금 안쓰러운 듯 정이를 바라보았습니다.

"저희 집은 저 때문에 아주 불행했습니다. 저는 늘 누워만 있었고, 엄마는 저를 돌보는 것을 정말 힘들어 하셨습니다. 그리고 아빠는 한동안 제게 웃어 주지도 않으셨습니다."

정이의 말에 아이들은 '에잇, 그런 것이 어디 있어.' 라는 표정이 되었습니다.

"그런데 아빠의 마음이 이해가 돼요. 저를 보면 가슴이 아프니까 그러셨던 겁니다. 게다가 엄마가 저 때문에 늘 고생을 많이 하시니까 그것도 안타까우셨겠지요. 제가 성당에 가게 된 것은 그 때문입니다. 우리 가족의 행복을 찾기 위해 저도 무엇인가를 하고 싶었습니다."

정이의 목소리가 남자처럼 낮은 톤으로 가라앉았습니다.

"순이에게 처음으로 부탁을 했어요. 성당에 데려가 달라고 말입니다. 그래서 너무나 힘들게 성당에 갔는데 그 웅장하면서도 고요한 분위기에 정말 기분이 묘했습니다. 무엇인가 가슴 속이 꼭 찬

느낌이 들면서, 이렇게 누워만 있으면 안 되겠다는 생각이 들었습니다."

정이는 계속 말을 이어 갔습니다. 아이들은 모두 정이와 순이의 얼굴을 번갈아 가며 지켜보았습니다. 순이는 정이가 말하는 동안 정이의 휠체어를 살짝 잡아 주고 있었습니다.

"그 뒤로 저는 성당에도 다니고 혼자 휠체어에 앉는 연습도 하기 시작했습니다. 게다가 모든 일에 감사하고 즐거운 마음을 가지려고 노력하게 되었습니다. 순이는 여러분이 아시다시피 저를 많이 도와줍니다. 엄마는 예전보다 힘이 덜 드시겠죠. 아빠는 이제 제게 밝게 웃어 주십니다."

아이들은 저도 모르게 박수를 치고 있었습니다. 정말 잘되었다고 마음으로 위로하며 말입니다.

"저도 순이처럼 하얀 미사포를 쓰면 기분이 참 좋아집니다."

정이가 덧붙였습니다.

"왜 흰 미사포를 쓰면 기분이 좋아지나요?"

듣고 있던 고린이가 질문을 하였습니다.

"확실히 모르겠지만 그냥 기분이 좋아져요. 처음 미사포를 썼을 때 심장이 막 두근거렸거든요. 나도 모르게 점점 기분이 아늑하고 편안해지면서 마음 가득 기쁨이 넘쳐요. 그 이유는 뭐라고 말할 수 없지만, 하여튼 성당의 가라앉은 분위기 속에서 미사포를 쓰면 기분이 좋아요. 내 마음이 깨끗해지는 것 같고요……."

정이가 고린이의 질문에 대답하며 활짝 웃었습니다. 아이들은 그날 따라 유난히 얼굴이 하얀 순이와 정이를 부러운 눈으로 바라보았습니다.

중민이가 이어서 질문을 하였습니다.

"하얀 미사포를 쓰는 것이 그렇게 기쁘면 혹시 커서 수녀가 되고 싶다는 생각을 하지 않았나요?"

중민이의 돌발 질문에 아이들은 당황했습니다.

"네. 한 적이 있어요."

하지만 정이와 순이의 아무렇지 않은 대답에 아이들은 더욱 놀라고 말았습니다. 왜냐하면 이들이 말하는 수녀님이라는 존재는 왠지 성스럽고 어렵고 자신들과는 먼 나라의 사람처럼 생각하고 있었기 때문입니다.

잠시 침묵이 흘렀습니다. 다음 발표는 중민이었습니다.

"중민이, 발표 준비 다 됐니?"

"물론입니다. 쉬는 시간이 끝나면 바로 할 수 있습니다."

중민이가 제법 점잖게 대답하자 선생님은 손목시계를 흘긋 보시고는, 껄껄거리며 쉬는 시간을 주셨습니다.

3 신사의 풍경 소리

키가 작고 뚱뚱했던 중민이, 지금은 살이 빠지고 키가 커진 중민이는 참 조용한 성격으로 변했습니다. 사실 예전의 중민이는 한번 말을 시작하면 누구보다도 재미있는 익살꾼이 되곤 했습니다. 그러나 요즘에는 절에 다니면서 차분해지고 말도 없어졌습니다. 가끔 아이들에게 필요한 질문이나 하는 것이 전부였습니다.

중민이도 다른 아이들처럼 인사를 하고, 크게 심호흡을 하였습니다.

"시작하겠습니다."

중민이는 작년 여름 방학 때 산사 체험을 한 적이 있습니다. 그 이후로 요즘도 가끔 시간이 나면 절에 찾아가고는 한답니다. 오늘 중민이는 그때 산사 체험에서 배운 다도에 대해 설명할 작정이었습니다.

"자, 이것을 받아 주세요. 이것은 제가 산사 체험을 할 때 쓴 일기입니다."

중민이는 자기가 쓴 일기를 아이들에게 나누어 주었습니다.

지금은 새벽 3시. 잠을 깨우는 2개의 막대기 소리가 산사의 고요함을 함께 깨운다. 사방은 어둠뿐이다. 어둠을 뚫고 풍경 소리가 가끔 들려온다. 실내를 비추는 붉그스레한 전등 빛이 벽면을 반사하고 돌아온다. 나는 일어나 급히 옷을 갈아입고 흐르는 산사의 찬물에 세수를 하고 돌아와 정해진 내 자리에 앉았다. 모든 것이 빠르게 진행되었다. 급히 신발을 끌고 마루에 올라와 조금도 주저하지 않고 명상의 자리에 앉았다. 몸에서 모든 힘을 빼고 가능한 한 조금도 움직이지 않으려고 했다. 다시 잠드는 것은 있을 수 없는 일. 차차 정신이 맑아지기 시작했다. 엄마가 수도 없이 깨워야 일어나던 내가 변한 것이었다.

내가 앉아 있던 곳은 산사에서 제일 큰 방이었다. 벽 쪽에 딱딱하고 긴 의자가 놓여 있고 중앙에는 듬성듬성 울긋불긋한 방석들이 깔려 있다. 방 중앙에는 단이 놓여 있고 명상을 이끄는 스님이 앉아 계신다. 스님은 방 안에 있는 모두를 볼 수 있는 자리에 있다. 입구에 들어서는 사람은 모두 스님에게 고개를 숙여 명상의 길에 들어섰음을 알린다. 방석은 명상에 참여한 사람에게 중요한 뜻을 가진다. 그 위에서 명상자는 빛을 보고 자유를 맛보고 문제의 답을 찾기 때문이다.

나는 발을 서로 겹쳐 결가부좌로 앉으면서 척추를 곧장 세우려고 시도했다. 동시에 눈을 뜨고 앞을 보면서 명상을 시작했다. 스님이 손에 든 종을 흔드셨다. 이 종은 25분마다 울린다. 다시 종이 울리면, 작은 움직임도 없는 침묵 속에서 조용히 숨 쉬는 소리를 들으면서 온몸이 가라앉은 상태로 25분이 흘렀다는 뜻이다. 1차 명상이 끝나면 밖을 나가 거닐 수 있다. 그러나 5분 안에 다시 제자리로 돌아와야 한다. 2차 명상이 끝나면 앞에 선 사람을 따라 한 줄로 서서 아침을 먹으러 간다. 뜨겁게 끓인 야채 죽을 차 한 잔과 함께 마셨다. 물론 설탕은 찾을 수 없었다.

명상 중에 가장 힘든 것 중의 하나는 몸을 움직이지 못하니, 몸이 가려워도 긁을 수 없다는 점이었다. 나는 그때 처음 알았다. 정신을 집중하면 몸의 어느 한 부분이 기다렸다는 듯 갑자기 가려워지기 시작한다. 하지만 어떤 유혹에도 조용히 참아 내야 한다. 재채기가 나오려고 해도 참아야하고 화장실에 가고 싶어도 '딱딱이' 소리가 날때까지 이겨 내야 한다.

조용히 앉아 정신을 집중하는 이유는 원래의 '나'를 찾기 위한 노력이다. 그것은 내 마음 속에 있는 욕심들로부터 '거리를 두는 것'이라고 스님께서 말씀하셨다.

명상하는 일은 매우 어려운 일이었다. 명상 중에 알 수 없는 고통이 나를 방석으로부터 밀어내는 경우가 있었다. 방석에 불이 붙은 듯이 뜨거워지는 느낌이 들 때가 있었고, 머리에서 지구 돌아가는 소리가 들리는 환청을 느낄 때도 있었다. 땀을 뻘뻘 흘리며 그 고통을 몸으로 받아들이고 있을 때면, 짧지만 긴 25분의 시간은 자유가 무엇인가를 온몸으로 알게 해주었다.

숲 속에서 맞이하는 아침은 시원한 이슬을 가득 담은 잔처럼 청명하고 상쾌했다. 명상이 끝나고 시원한 바깥으로 나왔을 때의 기쁨을 어떻게 말로 표현할 수 있을까?

아니, 이게 초등학생이 쓴 글이란 말인가? 아이들은 모두 입이 떡 벌어졌고, 선생님도 조금 놀라는 표정이었습니다. 중민이가 쓴 글은 어른이 쓴 글보다 더 어렵고 모르는 내용이 많았습니다. 아이들은 그 내용을 다 이해할 수는 없었지만, 산사 체험에서 중민이가 대단히 엄청난 인상을 받았다는 사실만은 충분히 알게 되었습니다.

"며칠 동안이나 절에 있었습니까? 또 결가부좌인가 뭔가는 도대체 무엇입니까?"

달인이가 제일 먼저 질문을 하였습니다. 마치 그 질문을 기다리고 있었다는 듯이, 중민이는 또박또박 그리고 천천히 대답하였습니다.

"부모님과 함께 〈사찰 명상 체험단〉에 참가했는데, 9박 10일 일정이었어요. 그때는 끝내 결가부좌를 제대로 틀 수 없었는데, 지금은 됩니다. 한 번 보여 드리죠."

중민이는 원탁 의자 옆으로 가서 풀밭에서 결가부좌를 틀고 앉았습니다. 보통 말하는 가부좌와 같은 자세인데, 예전에는 지금보다 살이 더 쪘기 때문에 못했던 자세라고 했습니다.

"야채 죽을 먹고 차를 마셨다고 했는데, 절이라서 야채만 먹었나 보지요?"

재석이가 다음 질문을 했습니다.

"맞아요. 고기는 한 번도 구경을 못했어요. 주로 풀이었지요. 아니, 순전히 풀밭! 절에 가면 가장 기억에 남는 것은 밥을 다 먹은 다음에 그릇에 밥풀이 하나도 남지 않도록 깨끗이 물로 헹궈 그물을 다시 마시는 거였어요."

중민이가 말했습니다.

"그렇게 하면 설거지 할 때 물도 아낄 수 있지요. 된장 국물도 하나도 남김없이 다 먹어야 하는 거예요. 처음에는 쉽지 않았지만 익숙해지니 아주 자연스런 일이 되었습니다. 지금도 습관이 돼서, 집에서 밥을 먹고 나면 제 밥그릇은 항상 깨끗이 비웁니다. 설거지를 할 필요가 없을 정도에요."

중민이는 자신이 무척 자랑스러웠습니다. 스스로가 발표를 끝낸 중민이는 아이들에게 차를 대접했습니다. 아이들은 중민이가 했다는 '산사 체험'을 상상해 보았습니다. 차를 마시면서 괜히 눈을 감기도 하고 명상하는 흉내를 내기도 하면서 말이죠.

4 자연 속에서 사는 기쁨

마지막으로 발표할 사람은 자현이었습니다. 자현이는 원래 말이 많은 편인데 오늘은 마지막 차례여서 그런지 계속 조용히 듣고만 있었습니다.

자현이네 가족은 이곳에 이사 온 지 2년밖에 되지 않았습니다. 이사 오기 전 자현이네 가족은 큰 도시에서 살았다고 합니다. 평소에 몸이 약하시던 자현이의 어머니 때문에 가족 모두가 시골로 옮기기로 하여 이곳으로 이사를 오게 되었답니다.

"저희 집에 오신 분들은 잘 아시겠지만 저희 집은 산 속에 있는 작은 통나무집입니다."

자현이가 발표를 시작했습니다.

"통나무집은 아빠가 엄마를 위해서 손수 만드신 집입니다. 통나무집 주변에 예쁜 꽃도 심었고, 근처에는 작은 연못도 있습니다. 저는 자연 속에서는 사는 것이 제일 행복하고 즐겁다고 생각합니다."

자현이도 모양새를 보니 뭔가를 준비해 온 듯했습니다.

"혹시 낚시해 본 친구들이 있나요?"

자현이는 자기가 먼저 아이들에게 질문을 던졌습니다. 중민이와 달인이, 재석이가 손을 들었습니다.

"저희 집에서는 낚시 바늘이 없는 낚싯대로 낚시를 합니다."

자현이가 말하자 아이들은 이해가 안 된다는 표정을 지었습니다.

"낚시는 고기를 잡으려고 하는 게 아닌가요?"

고린이가 이상하다는 듯 물었습니다.

"맞아요. 그렇지만 1시간이고 2시간이고 낚싯줄을 물에 드리우고 있으면, 고기를 잡지 않아도 너무나 행복합니다. 낚시에서 꼭 물고기를 잡는 것만이 의미가 있는 일은 아니니까요."

자현이도 이런 질문이 나올 것이라 예상했는지 준비한 듯 대답을 잘 하였습니다. 그리고 또 아이들에게 질문을 던졌습니다.

"여러분은 뗏목을 타 본 적이 있나요? 아니면 작은 배라도."

"전 소풍 때 오리를 탄 게 전부인데요."

"전 유람선을 타 본 적이 한 번 있어요."

순이와 재석이 빼고는 아무도 배를 타 본 적이 없었습니다. 자현이는 선생님이 가져오신 작은 칠판에 뗏목을 그려 보이면서 설명했습니다.

"뗏목을 타고 누워 있으면 몇 시간 지나 호수를 한 바퀴 돌게 됩니다. 이상하게 그 뗏목은 빙빙 돌면서 자연스럽게 제자리로 돌아오거든요. 아무 것도 한 것은 없지만 전 그렇게 뗏목을 타는 게 즐겁습니다."

자현이는 아주 흐뭇한 표정을 지었습니다.

"저처럼 신나게 손을 놀리며 게임을 하든 아님 무엇이든 해야 즐거운 것이지, 아무것도 하지 않고 가만히 있는데 정말 재미있나요?"

달인이가 묻자 고린이도 함께 질문 공세를 했습니다.

"맞아요. 땀을 뻘뻘 흘리면서 축구를 해야 재미가 있고 즐겁지요. 그렇게 몸을 움직여야 즐겁고 기쁜 것이지, 가만히 있으면 아무 것도 느끼지 못하는데 기쁘다는 것은 말이 안 됩니다."

자현이는 조금도 당황하지 않고 자신 있게 대답했습니다.

"그렇지 않아요. 난 아무 것도 하지 않고 있어도 마음이 편안하고 매우 즐거웠어요. 그리고 기뻤습니다."

"맞아요. 저도 산사 체험하면서 오직 명상만 했는데도 분명 기쁨을 느꼈습니다."

중민이도 자현이 편에서 말했습니다. 그러자 순이와 정이도 자기들도 미사 보는 시간이 조용하고 엄숙한 분위기이지만 늘 기쁘고 즐겁다고 덧붙였습니다.

아이들의 의견이 둘로 갈리자 선생님이 또 사회를 보러 나타났습니다.

"여러분의 토론을 매우 재미있게 들었어요. 특히 지난주에 몸을 통한 즐거움을 준비해 준 친구들, 오늘 정신을 통한 기쁨을 설명해 준 친구들 모두 잘했습니다. 과연 어느 것이 진짜 즐거움일까요? 아니면 둘 다 진정한 즐거움일까요?"

아이들은 말똥말똥 선생님을 바라보았습니다.

"다음 시간에는 이 문제에 관해서 선생님이 자세히 이야기하려고 합니다. 바로 에피쿠로스에 대해서요."

 아이들은 결론이 나지 않자 약간 허탈한 느낌이 들었습니다. 하지만 오늘 친구들의 발표와 잠깐의 토론을 거치며 고민해 볼 기회가 되었습니다. 다만 확실한 것은, 선생님이 처음에 말씀해 주셨던 감각적 즐거움과 정신적 즐거움의 차이가 어떤 건지, 즐거운 3인방과 별난 3인방의 각기 다른 취향을 통해 파악할 수 있었다는 것입니다.

 다음 주에는 과제가 없습니다. 그냥 연필과 공책만 덜렁 가지고 오면 된다고 선생님께서 말씀하셨습니다. 아이들은 이제 토요일 철학 논술 반 수업을 은근히 기다리는 눈치였습니다. 진지하게 토론에 임하는 친구들의 모습이라든가, 이제껏 볼 수 없었던 친구들의 새로운 모습이 신선하고 재밌었거든요.

동적인 기쁨과 정적인 기쁨

 에피쿠로스는 어떻게 하면 사람이 행복하게 살 수 있는가를 고민하며 실제로 행복하게 살 수 있는 방법을 몸소 실천해 보인 철학자입니다. 에피쿠로스와 달리 위대한 철학자 대부분은 사람이 어떻게 사는 것이 도덕적으로 올바른가 하는 문제를 근본 문제로 다루었습니다.

 위대한 철학자 아리스토텔레스 또한 누구나 행복을 원하며, 행복이야말로 사람이 살아가는 목적이라고 말하였습니다.

 에피쿠로스는 최대한의 기쁨과 쾌락이 있는 곳에 행복이 있다고 하였습니다. 이러한 사상 때문에 사람들은 에피쿠로스를 쾌락주의자라고 부릅니다. 쾌락과 유사한 말로 기쁨, 만족 등이 있습니다. 쾌락은 여러분들이 게임이나 재미있는 놀이를 할 때 느끼는 짜릿한 즐거움이지요.

 에피쿠로스가 사용한 '헤도네(hédoné)'라는 용어는 적당한 말이 없기 때문에 우리말로 '쾌락'이라고 번역이 됩니다. 물론 기쁨이나 만족과 같은 표현으로도 사용될 수 있습니다. 원래 '헤도네'가 의미하는 것은 우리가 유쾌하거나 기쁘게 느끼는 모든 것을 포함합니다.

에피쿠로스의 철학은 사람이 본래 기쁨을 목표로 노력한다는 전제에서 출발합니다.

그가 주장하는 것을 자세히 들어 보면, 첫째, 살아 있는 모든 생물은 출생과 더불어 기쁨을 가치 있는 것으로 여기고 고통을 피해야 하는 것으로 거부합니다. 즉, 기쁨은 좋은 것이고 고통은 나쁜 것입니다. 둘째, 사람에게 가장 좋은 삶은 가장 유쾌한 것이어야 합니다. 사람들은 배우지 않아도 자연적으로 기쁨과 고통을 느낄 수 있는데, 기쁨은 쾌적한 상태에서 나오고 고통은 불쾌한 상태에서 나옵니다. 그래서 에피쿠로스는 사람들이 유쾌함을 추구한다고 말합니다.

에피쿠로스에 의하면 사람들은 두 가지 기쁨을 알고 있습니다. 하나는 몸을 움직여 활동하면서 느끼는 동적인 기쁨이고, 다른 하나는 아무 것도 하지 않고 가만히 있을 때 마음의 상태와 관련된 정적인 기쁨입니다.

동적인 기쁨은 부족하거나 결핍된 것을 채울 때 생깁니다. 그 예로, 먹고 마시는 그 순간이라든가 친구들과 재미있는 이야기를 나누는 때가 있지요. 뿐만 아니라 고린이처럼 축구를 하거나 달인이처럼 컴퓨터 게임을 하는 때도 모두 동적인 기쁨에 속합니다.

 동적인 기쁨과 달리 정적인 기쁨은 고통이 사라지는 데서 오는 기쁨입니다. 무서운 사냥개 앞에서 두려워하던 순간이 지난 후에 오는 안도감, 맛있는 음식을 많이 먹은 후에 오는 포만감 같은 기분 또한 정적인 기쁨이라 할 수 있습니다. 안정감이나 만족감이 주는 기쁨은 그 이전에 있었던 불안이나 불만족이 사라지면서 생기는 것이므로, '고통 없음'이나 '불안 없음'의 상태 역시 즐겁고 기쁜 것으로 느끼게 된다고 에피쿠로스는 주장했습니다.

4

철학하는 기쁨!

 "우리는 철학을 하는 체 하면 안 되며, 실제로 철학을 해야 한다. 왜냐하면 우리가 필요로 하는 것은 건강한 것처럼 보이는 것이 아니라, 진짜 건강한 것이기 때문이다."

– 에피쿠로스

1 에피쿠로스의 생애

일주일이 또 금방 지나갔습니다. 지난주에 '쾌락의 정원'으로 꾸며졌던 할미 느티나무의 모습은 그때 그대로였습니다. 단지 자현이가 가져온 꽃이 목이 마른지 말라 있었습니다.

선생님은 미리 가져오신 주전자로 꽃에 물을 주면서 말씀하셨습니다.

"여러분의 생애 중 가장 기뻤던 날은 언제였나요?"

"세뱃돈 받는 설날이요!"

"내 생일이요!"

"놀이동산에 놀러 갔던 날이요!"

"운동회 날이요!"

"소풍 가던 날이요!"

아이들이 제각기 들떠서 이야기했습니다.

"그런데 어떤 사람은 자신이 죽어 가고 있는 날이 가장 기쁜 날이라고 답한 사람이 있습니다."

"에엑?"

아이들은 말도 안 된다고 생각했습니다.

"그가 바로 에피쿠로스랍니다. 그는 이런 말을 했지요. '나의 생애 중 이렇게 기쁜 날에, 즉 내가 죽어가고 있을 때 나는 너에게 이 편지를 쓴다. 무서운 질병이 이렇게 나를 아프게 한다. 하지만 이 모든 것에도 불구하고, 여러분과 나누었던 대화를 기억할 때 내 마음은 몹시 기쁘다.' 라고 말입니다."

선생님이 크게 낭독하셨습니다.

"이 말은 에피쿠로스가 죽기 바로 전에 친구에게 남긴 말입니다. 그의 유언이 되었던 셈이죠."

자신이 죽으려던 순간이 가장 기쁜 순간이었다는 말에 아이들은

Ataraxia

모두 어안이 벙벙했습니다. 그리고 아무 말도 하지 못한 채 서로를 바라보았습니다.

"우리가 어떤 사상가의 생각을 공부할 때, 먼저 그 사람이 어떤 시대에 살았고 그 시대는 어떤 사상이 지배하고 있었는가를 알면 그 사람을 더 잘 이해할 수 있어요. 에피쿠로스는 기원전 300년경의 인물입니다."

선생님이 지난주에 말씀하셨던 에피쿠로스에 대한 이야기를 시작하셨습니다.

"그는 열네 살에 철학을 공부하기 시작하였답니다. 그가 철학을 시작한 이유는 매우 독특한데, 학교 선생님들에 대해서 실망했기 때문이라고 합니다. 예를 들면 그 당시의 선생님들은 '지구가 왜 생겨났는가?'라는 학생의 물음에 답을 하지 못했다고 합니다. 그래서 에피쿠로스는 현명한 사람들을 찾아다니며 학교 공부는 하지 않고 철학을 배웠답니다. 에피쿠로스가 철학에 깊이 심취하면서 스스로 학교와 같은 공간을 만들었어요. 바로 지금 이곳과 같은 곳이지요."

선생님은 '쾌락의 정원'이라 적혀 있는 종이를 가리켰습니다.

"에피쿠로스는 정원에서 제자들과 대화하며 토론하는 것을 좋아했습니다. 그는 철학을 가르치면서 모든 사람에 대한 형제애를 강조하였어요. 그래서 그의 제자 중에는 노예와 창녀들도 있었다고 합니다. 그가 가르친 것은 신에 대한 사랑, 조국에 대한 사랑, 부모에 대한 감사, 형제간의 우애 등입니다. 에피쿠로스와 그의 제자들은 정원에서 생활하면서 매우 검소하게 살았다고 해요. 술 반 병만 가지고 있어도 모두 나누어 마시며, 부족하면 물을 대신 마시기도 했대요."

선생님은 알기 쉽게 천천히 설명해 주셨습니다. 아이들은 선생님이 나누어준 종이를 따라 읽으며 선생님의 설명을 들었습니다.

"에피쿠로스의 검소한 자세에 대해 한 철학자는 다음과 같이 칭송했어요. '어떤 사람들은 사소한 걸로 애를 쓰면서 자신의 이익을 위해 만족을 모르고 전쟁과 투쟁을 시작한다. 자연의 부는 한정되어 있으나, 사람들의 헛된 판단은 끝없는 길로 향한다. 그러나 에피쿠로스는 검소한 기쁨을 실천하고 가르친다.' 라고 말입니다."

2 다른 학파와의 관계

쉬는 시간에 아이들 몇 명은 축구공을 가지고 놀기도 했고, 다른 몇 명은 자기가 좋아하는 행동을 했습니다.

휴식이 끝나자 선생님은 다시 수업을 시작하셨습니다.

"우리가 에피쿠로스를 자세히 알기 전에 먼저 그 시기에 어떤 철학 학파들이 있었는가를 알아봅시다. 에피쿠로스가 있었던 시기를 헬레니즘 시기라고 부릅니다. 바로 알렉산드로스 대왕이 이룩한 업적을 칭송하면서 부르는 말입니다. 이 시기에는 크게 세 가지 학파가 있었습니다. '스토아학파', '키레네학파', 그리고 '에피쿠로스학파'이지요."

선생님은 모르는 것이 없으셨습니다. 입에서 술술 철학자의 이름과 학파의 이름이 나왔거든요.

"첫 번째로 스토아학파는 자연의 질서를 따르는 운명을 강조했어요. 그들은 무소유, 즉 아무 것도 소유하지 않는 자유로움을 가장 높은 덕으로 생각했습니다. 스토아학파의 창시자는 제논(Zenon)이라는 사람인데, 그의 말에 의하면 이 세계는 정해진 질서에 따라 미리 예정되어 있는 거예요. 우리는 이를 피하거나 거부할 수 없죠. 그게 바로 운명입니다."

갑자기 아이들은 비장한 표정이 되었습니다.

"스토아학파 역시 마음의 평화를 최고로 생각합니다. 우리가 불행을 느끼고 마음의 평화를 잃는 것은, 이 세계가 불행과 슬픔으로 가득 차 있기 때문이 아니라, 우리의 지나친 욕심과 교만에서 온다는 것이지요. 자연의 질서를 거스르지 않고 받아들이면서 자신의 감정을 잘 다스릴 때, 즉 '마음을 비운' 상태에서만 비로소 행복해질 수 있다는 것입니다."

아이들은 모두 꿀 먹은 벙어리가 되어 있었습니다. 어리둥절해

서가 아니라, 옛날 사람들 또한 요즘과 똑같은 문제로 고민했다는 사실이 신기했기 때문입니다.

"두 번째로 키레네학파는 아프리카의 키레네 사람인 아리스팁포스(Aristippos)가 만들었습니다. 아리스팁포스의 스승은 '너 자신을 알라'로 유명한 소크라테스였죠. 그는 스승에게서 배운 행복에 대한 사상과, 감각이 최고라고 주장한 소피스트의 영향을 받아 쾌락설을 발전시켰습니다. 그에 따르면 우리들에게 확실한 것은 개인의 감각뿐이며, 감각은 모든 것의 기준이 된다고 말했어요. 사람들이 사는 이유도 감각의 쾌락을 얻기 위한 것이라고 했지요."

아이들은 그제서야 선생님이 왜 철학 논술 시간에 줄곧 '몸에 의한 즐거움'과 '정신에 의한 즐거움'으로 쾌락을 나누었는지 알았습니다.

"그럼 이 두 학파를 에피쿠로스학파와 비교해 볼까요? 스토아학파는 자기 욕심을 이성으로 완전히 참고 이겨내야 행복할 수 있다고 주장했습니다. 그리고 키레네학파는 쾌락을 순간적인 것으로 보았어요. 따라서 인생의 목적은 즐거운 순간을 가능한 한 많이 만드는 것이고, 쾌락을 주는 것이라면 어떤 것이든 상관하지 않았지요. 하지만 에피쿠로스는 진정한 쾌락이란 몸과 마음의 고통이 완전히 없어진 고요한 상태가 계속되는 것이라고 했습니다. 그가 말하는 쾌락이란 키레네학파처럼 어떻게든 좋기만 하면 된다가 아니라, 더 좋은 쾌락과 덜 좋은 쾌락, 즉 쾌락의 질적인 차이가 있는 거라고 주장하기도 했지요.”

아이들은 마치 옛날이야기라도 듣는 것처럼 점점 선생님 이야기에 빠져들어 갔습니다.

철학 논술 반 수업이 끝나고 집으로 가는 길에 자현이가 즐거운 3인방에게 물었습니다.

“야, 너희들은 좀 알겠니?”

자현이가 즐거운 3인방에게 묻자 즐거운 3인방도 고개를 절레절레 흔들었습니다.

“그런데 뭔가 재밌어. 알 듯 말 듯한 철학의 무언가가 날 끌어당기고 있는 것 같아.”

끝에서 가만히 걸어가던 중민이가 말했습니다.

“나도, 나도”

중민이의 말에 아이들 모두 공감했습니다.

3 할머니가 꽃신을 신으시다

화요일이었습니다. 아무 연락도 없이 즐거운 3인방이 모두 학교에 나오지 않았습니다. 1교시가 다 끝난 시간인데도 세 명의 자리는 비어 있었지요. 걱정이 된 명논수 선생님은 쉬는 시간에 전화를 걸었습니다. 마송이의 어머니만 전화를 받으셨는데, 선생님은 한참 이야길 듣고 난 뒤 말씀하셨습니다.

"아…… 그러셨군요. 저도 학교 끝나고 찾아뵙도록 하겠습니다."

전화를 끊은 선생님은 잠시 어두운 얼굴이 되었다가, 2교시 시작종이 울리자 다시 활짝 웃는 얼굴로 수업을 시작하셨습니다.

　명논수 선생님이 방과 후에 찾아간 곳은 바로 고린이 할머니가 입원해 계신 병원이었습니다.

　"죄송합니다. 고린이 할머니께서 아이들을 친손자들처럼 예뻐해 주셔서 돌아가시기 전에 얼굴이라도 한 번 더 뵈어 드리려고 아이들을 모두 데리고 왔습니다."

　마송이 어머니의 말씀에 선생님은 묵묵히 고개를 끄덕이셨습니다. 고린이는 옆 침상에 고갤 푹 숙이고 앉아 있었고, 그 양 옆에서 마송이와 달인이가 말없이 어깨동무를 해주고 있었습니다.

　밤새 할머니는 몇 번 위독한 고비를 넘기셨습니다. 그리고 수요일 아침이 되자 잠깐 깨어나셨습니다.

　"어멈……."

　할머니의 타들어가는 듯한 목소리가 들렸습니다. 옆에서 졸고 계시던 마송이 어머니가 몸을 움찔하며 잠에서 깨셨습니다. 그리고 고린이 할머니가 깨어나신 걸 알아차리셨습니다.

　"아이고, 할머니. 깨어나셨어요?"

마송이 어머니는 의사 선생님을 부르려고 했지만 고린이 할머니가 이를 말리며 가까이 오라고 손짓하셨습니다. 마송이 어머니가 할머니의 입가에 귀를 가까이 가져갔습니다.

"부탁이 있어……. 우리 손자……."

고린이 할머니는 말을 이어가기가 너무 힘드신 것 같았습니다. 마송이 어머니는 거기까지만 듣고서도 할머니가 무슨 말을 하고 싶으신 건지 다 안다는 듯 고개를 크게 끄덕끄덕하며 이불을 목께로 올려서 덮어 드렸습니다. 할머니는 끝까지 말을 맺고 싶으신 듯 다시 손짓을 하시곤 들릴 듯 말 듯 쉰 목소리로 힘들게 말을 이으셨습니다.

"고린이……."

"네, 할머니. 고린이요. 잘 부탁한다고요?"

"그려……."

소릴 들었는지 옆 침상에서 자고 있던 고린이가 깼습니다. 그리고 할머니가 깨신 걸 보자 그대로 몸이 굳은 채, 마송이 어머니에게 뭐라고 말씀하시는 할머니를 뚫어지게 응시했습니다.

"고린이를 부탁……."

할머니의 목소리가 중간에 끊겼습니다. 마송이 어머니와 고린이는 쉬었다가 계속 말씀하실까 하여 잠시 할머니를 그대로 지켜보았습니다. 하지만 할머니는 더 이상 말을 잇지 못하신 채 숨소리가 차츰 거칠어졌습니다. 그제야 고린이가 이불을 차고 나와 할머니 가까이 다가앉았습니다.

"할머니……."

고린이의 눈에 순식간에 눈물이 그렁그렁 고이더니 줄줄 넘치기 시작했습니다. 고린이는 터져 나오려는 울음을 억지로 가라앉히며 낮은 목소리로 할머니의 부름에 대답했습니다.

"우리 고린이……."

"응, 할머니."

고린이가 할머니의 손을 두 손으로 부여잡자, 할머니 얼굴에 희미하게 미소가 떠올랐습니다.

"할머닌…… 그렇게 보고 싶던 고린이를 봐서…… 지금이…… 세상에서 제일 행복하구마……."

간신히 한마디를 하신 할머니는 고린이의 손을 꼭 잡으시더니 숨소리가 급해지셨습니다. 마송이 어머니는 의사 선생님을 부르러 뛰쳐나갔고, 고린이는 어쩔 줄 몰라 하며 할머니만 불러댔습니다.

마송이 어머니가 의사 선생님과 간호사를 모시고 왔을 때엔, 이미 할머니는 평온한 웃음으로 두 눈을 감으신 후였습니다. 의사 선생님이 이것저것 기계를 체크하고 할머니 상태를 보더니, 마송이 어머니를 보며 가만히 고개를 저으셨습니다. 마송이 어머니는 믿을 수 없다는 듯 불안한 표정을 지으셨습니다. 간호사가 할머니 품에 고개를 파묻고 우는 고린이를 조심스레 붙들어 일으키자, 의사 선생님은 할머니 얼굴에 천을 끌어올려 덮었습니다.

"아이고, 할머니!"

마송이 어머니가 곡을 놓기 시작하셨습니다. 그렇게 할머니는 고린이와 마송이 어머니가 임종을 지키는 가운데 이른 아침에 떠나가셨습니다.

창밖으로 이제 막 떠오른 햇살이 금빛처럼 눈부시게 들어오기 시작했습니다.

장례는 달인이의 부모님과 마송이의 어머니가 서로 상의하며 절차를 밟고 진행했습니다. 그날 저녁 병원에 빈소가 만들어졌습니다.

수업이 끝나고 담임 선생님과 6학년 1반 아이들 모두가 고린이 할머니의 빈소를 찾아왔습니다. 고린이는 눈이 많이 부어 있었지

만 그래도 눈물을 꾹 참고 버티며 상주로서 사람들을 맞이하며 꿋꿋이 장례를 치러내고 있었습니다.

　마송이 어머니와 달인이 부모님, 그리고 마을 어른들이 상의한 끝에 고린이 할머니를 화장하기로 하고, 이를 고린이에게 이야기했습니다. 암으로 고생하셨고, 땅도 없고 돌봐 줄 자손이라고는 고린이가 전부라는 것이 그 이유였습니다.

　"고린아, 괜찮냐?"

　달인이가 물었습니다.

　"응."

　고린이가 대답했습니다. 한참을 묵묵히 있던 고린이가 달인이에게 말했습니다.

　"할머니가 돌아가시기 직전에 뭐라고 하셨는지 알아?"

　"뭐라고 하셨는데?"

　"보고 싶던 고린이를 봐서 지금이 세상에서 제일 행복하구마……. 이렇게 말씀하셨어."

　고린이는 갑자기 참았던 눈물이 나오는 것을 닦으면서 말했습니다.

　"할머니가 이번 장날에 나가서 꽃신 좀 사다 달라고 했었는데⋯⋯."

고린이네 할머니는 늘 한복 차림에 흰색 고무신을 신고 다니셨는데, 병원에 투병하시는 동안 고린이에게 한 번은 이런 말씀을 하셨습니다.

"시집을 때 신었던 꽃신이 있었는데, 너 그 빨간 꽃신이 얼마나 예뻤는지 아나?"

고린이는 할머니의 목소리가 귓가에 맴돌아 가슴이 미어지는 듯했습니다. 결국 달인이와 마송이의 어깨를 빌려 펑펑 울었습니다.

장례식 마지막 날 화장을 하기 전, 고린이는 마송이와 달인이가 사다 준 꽃신을 할머니 발에 신겨 드렸습니다. 빨간색 꽃신을 신겨드리며 고린이는 하염없이 흐르는 눈물을 주체할 수가 없었습니다.

이윽고 할머니를 모신 관이 화장로로 들어가 보이지 않게 되었습니다.

'잘 가요. 할머니.'

고린이는 할머니와 작별을 했습니다.

아타락시아와 우정의 기쁨

쾌락주의자 에피쿠로스는 정적인 상태의 기쁨은 마음에서 오는 것이기 때문에 정신적인 것이며, 동적인 기쁨은 행동을 통해서 이루어지기 때문에 육체적인 것이라 합니다. 그리고 육체적인 기쁨보다 마음의 평안, 즉 아타락시아(Ataraxia)야말로 진정한 기쁨이라고 합니다.

에피쿠로스는 우리가 자신의 마음을 잘 다스릴 때에 기쁨과 행복을 얻을 수 있다고 합니다. 지나간 기쁨을 다시 기억함으로써 우리는 다시금 즐거운 상태에 도달할 수 있습니다. 또한 그로써 앞으로 다가올 즐거운 일을 마음으로 기대하면서 생의 희망과 기쁨 또한 얻을 수 있습니다. 이렇게 정신적인 안정을 유지하면서 현재의 고통을 이겨나갈 수 있는 것입니다. 에피쿠로스의 제자들은 다음과 같은 에피쿠로스의 말을 즐겨 썼습니다.

"만일 고통이 강하다면 그것은 짧게 지속한다. 만일 고통이 길게 지속한다면 그것은 가벼운 것이다."

　에피쿠로스는 기쁨과 고통이 서로 차이가 있지만 육체적인 고통은 심적인 기쁨으로 바뀔 수 있다고 말했습니다. 우리의 현재 마음은, 과거나 미래의 육체적 고통에 대해 불안해 하고 근심스러워 합니다. 반대로 과거나 미래의 육체적 평온에 대해 기쁨을 누리지요. 이와 같이 우리가 기쁨을 많이 느낄수록, 훗날 이러한 기쁨을 기억하면서 더 많은 즐거움을 느낄 수 있게 될 것입니다. 우리가 지녔던 과거의 기쁨은 어려움이나 궁지에 빠졌을 때 우리를 도와줍니다. 그래서 에피쿠로스는 평소에 많은 즐거움을 누릴 것을 주장합니다. 특히 친구들과 좋은 시간을 많이 가지는 것은 무엇보다도 중요한 일입니다.

　에피쿠로스는 우정의 기쁨을 다른 무엇보다도 귀중한 가치로 생각합니다. 우정은 현명함 못지않게 중요성을 갖습니다. 에피쿠로스 자신이 직접 쾌락의 정원을 만들어 친구들과 인생에 대해 토론하면서 즐거운 시간을 보냈던 것처럼, 우정은 우리에게 행복을 가져다줍니다. 친구들의 도움이 자신을 기쁘게 하는 것이 아니라, 친구들이 자신을 도와줄 것이라는 믿음이 바로 우리를 기쁘게 하는 것이지요. 친구가 있다는 사실,

그것이 바로 우리의 삶을 윤택하게 해주는 것입니다.

에피쿠로스는 우리가 모두 우정으로써 상대방을 대하는 마음을 가진다면, 세상 사람들 모두가 행복해질 거라고 말합니다. 그래서 에피쿠로스는 기쁨에 넘쳐 노래합니다.

"우정이 춤추면서 세상의 주위를 돈다. 그리고 소리친다. 모두 일어나라! 행복한 삶을 노래하자!"

아타락시아의 평정심으로……

"정직한 자는 고통으로부터 자유롭지만 부정직한 자는 고통으로
가득하다."

— 에피쿠로스

1 그러나 즐겁게 살고 싶다

  고린이는 할머니를 보내고 나서 금요일 저녁부터 계속 잠만 잤습니다. 그래서 그런지 조금 기분이 우울하긴 했지만 그래도 학교에 나갈 수 있을 것 같았습니다. 고린이는 마송이네 집으로 짐을 옮겼습니다. 고린이는 마송이가 학교에 가는 모습을 보며 자신도 학교에 나가야겠다는 생각이 들었습니다.

  "오늘은 토요일이잖아. 그냥 쉬어라."

  "그래. 넌 쉬어."

마송이 어머니와 마송이가 말했습니다. 그러나 고린이는 아무 말도 하지 않고 묵묵히 가방을 챙겨 마송이를 따라나섰습니다. 입맛이 없다고 아침밥도 먹지 않은 상태였습니다.

"야, 배고프지 않아?"

"응, 괜찮아."

걱정해 주는 마송이의 물음에 고린이는 대충 둘러대며 또 가방에서 축구공을 꺼냈습니다. 축구공을 이리저리 움직여가면서 땀을 빼는 고린이를 보며, 마송이는 고린이가 말한 '슬픔의 표현'이라는 말을 이해할 수 있었습니다.

선생님은 고린이를 따로 불러 위로해 주셨고, 다른 아이들도 고린이를 많이 걱정했다며 한두 마디씩 위로의 말을 건네었습니다. 그리고 다시 철학 논술 수업이 시작되었습니다.

"에피쿠로스는 즐겁게 살기 위해서는 신중하고 사려 깊게 행동해야 한다고 말했습니다. 그래야 정직하고 아름답게, 또 즐겁게 살 수 있다고 말입니다. 그래서 에피쿠로스는 사려 깊게 생각하는 것이 철학하는 것보다 더 소중하다고 말합니다. 사려 깊이 생각을 하며 살지 않으면 즐겁게 살 수 없고, 마찬가지로 즐겁게 살지 않는다면 아름답고 정의로운 삶이 될 수 없다고 합니다."

그러자 자현이가 손을 들고 질문하였습니다.

"사려 깊은 사람이란 어떤 사람을 말하는 건가요?"

자현이가 질문을 하였습니다.

"지금 막 설명을 하려는데 우리 자현이는 성질이 좀 급한 편인가 보군요."

선생님이 농담으로 받아치자 아이들이 픽 웃었습니다.

"에피쿠로스가 볼 때 사려 깊은 사람이란 신에 대해 진정으로 경건한 태도를 가지면서, 죽음을 두려워하지 않고, 자연의 목적을 잘 파악하는 사람입니다. 또한 운명의 힘을 믿지 않고 우리의 행동을 결정하는 힘을 우리 스스로 가지고 있다고 생각하는 사람입니다."

선생님이 말씀하셨습니다. 지난번에 배웠던 스토아학파와는 아주 다른 것 같았습니다.

"운명적으로 일어나는 필연적인 일은 우리 뜻과 상관없이 일어나는 것이기 때문에 우리가 책임질 필요가 없고, 우연적으로 일어나는 일은 늘 변하기 때문에 우리가 알 수 없는 것이므로 그것에 연연할 필요가 없습니다. 우리는 우리들의 의지에 따라 생기는 일에 대해서만 최선을 다하면 되는 것입니다. 그래서 사려 깊은 사람은 운명이나 우연에 의해 뜻밖의 큰 성과를 이루는 쪽보다는, 이성적으로 생각했으나 좋은 결과를 얻지 못한 쪽이 더 낫다고 생각하지요. 즉, 잘못된 판단을 내렸음에도 운이 좋아 우연히 성공한 것보다는, 옳게 판단했음에도 불구하고 성공하지 못한 것이 더 낫다고 보는 것입니다. 그러므로 에피쿠로스는 깊이 생각하고 행동하면 고통에서 자유로울 수 있으며, 즐거운 생활을 할 수 있다고 주장합니다."

"조금만 더 간단히 말해 주세요."

"네, 맞아요~."

모두 다 이해하기는 조금 버거웠는지 아이들이 아우성을 쳤습니다.

"간단히 말하면, 우리가 어찌할 수 없는 것에 대해서 고민하지 말고, 우리가 할 수 있는 것만 잘하면서 즐겁게 사는 게 가장 현명한 생각이라는 것이지요."

선생님께서 한마디로 설명을 해내자 아이들은 제각기 '아아~.' 하며 감탄을 했습니다.

"더 나아가서 이러한 즐거운 생활을 위해서 반드시 필요한 것이 바로 우정이라는 거예요."

선생님은 순이가 떠다 놓은 물을 마시며 즐거운 3인방을 둘러보셨습니다.

"에피쿠로스에게 있어서 우정은 현명함과 같은 중요성을 갖습니다. 아니, 오히려 더 높은 가치를 가지고 있다고 할 수 있습니다. 우정은 신만이 느낄 수 있는 정도의 행복을 인간도 느낄 수 있게 해주기 때문입니다. 일생 동안 행복을 얻기 위해서는 많은 지혜가 필요하지요. 그 중에서 가장 위대한 것은 우정입니다. 우정, 그것은 에피쿠로스에게 있어서 가장 중요한 행복의 수단이 되는 것입니다. 그래서 그는 이웃들과 아주 즐겁게 지내는 것을 강조합니다. 그 자신이 '에피쿠로스 정원'을 만들어서 친구들과 함께 토론을 즐겨 하면서 행복한 생활을 했던 것처럼 말이죠."

"마치 우리들 같아요."

선생님이 잠시 숨을 고르는 찰나에 정이가 말했습니다.

"지금 우리들이 하는 이 철학 논술 수업도 '에피쿠로스의 정원', 다시 말하면 '우정과 쾌락의 정원'처럼 이 느티나무 아래 자연 속에서 다 같이 모여 수업을 하고 있잖아요."

"와, 근사하다."

재석이가 정이의 말에 맞장구를 쳤습니다.

"즐거운 3인방의 우정도 멋지지 않나요?"

자현이가 말했습니다. 자현이는 즐거운 3인방 아이들과 친한 편은 아니지만, 그들의 우정만은 항상 부러워하고 칭찬하고는 했습니다.

"맞아요. 저도 저 녀석들이 아주 마음에 들어요."

"나도 마찬가지입니다. 고린이, 달인이, 마송이는 정말 끈끈한 우정을 자랑하는 3인방이죠?"

재석이와 선생님도 즐거운 3인방의 우정에 깊이 공감했습니다.

"에피쿠로스는 친구들의 도움이 우리를 돕는 것이 아니라, '친구들이 도와줄 것이다' 라는 믿음이 우리를 돕는다고 했대요!"

은근히 열심이었던 중민이가 말했습니다.

"맞습니다. 직접적인 친구의 도움이 아니라, 언제든 날 도와줄 친구가 있다는 사실, 그 믿음 하나만으로도 우리는 인생을 즐겁게 살 수 있는 힘을 얻을 수 있다는 것이지요. 하지만 진정한 우정에서 비롯된 도움과 그렇지 않은 걸 구분할 줄은 알아야 합니다. 에피쿠로스도 친구인 듯 하지만 사실은 진정한 친구가 아닌 이들을 가려냈지요. 첫 번째는 늘 도움만 청하는 친구예요. 이런 친구는 왜 진정한 친구가 아닐까?"

"받기만 하고 도움을 주진 않으니까요."

정이가 얼굴을 붉히며 대답했습니다.

"네가 나에게 얼마나 많은 도움이 되는지 넌 모르지?"

순이가 귓속말로 속삭였습니다. 명논수 선생님은 빙긋 웃으며 말씀하셨습니다.

"그건 우정의 대가로 어떤 보상을 바라는 것이기 때문이지요. '내가 네 친구니까 넌 나한테 이런 걸 해줘야 돼' 하는 것처럼 말이죠."

아이들은 고개를 끄덕이며 진지하게 생각에 잠겼습니다.

"그럼 두 번째는요?"

질문대장 자현이가 물었습니다.

"두 번째로 에피쿠로스는 우정과 도움을 별개의 문제로 딱딱 갈라서 생각하는 친구 또한 진정한 친구가 아니라고 했습니다."

"에? 왜요?"

"왜 그랬을까요?"

아이들은 첫 번째와 전혀 반대인 두 번째 경우 또한 진정한 친구가 아니라는 말에 의아했습니다.

"그렇게 우정과 도움을 별개 문제로 생각하면, 언젠가 내가 어려

우정의 정원

울 때 그 친구에게 도움을 받을 수 있을 거란 기대를 할 수 없잖아요. 친구라는 건 내가 어려울 때 힘이 되어주는 존재인데, 그런 기대를 할 수 없는 사람이라면 그건 진정한 친구가 아닐 테니까……. 그래서 그런 게 아닐까요?"

이번에는 순이가 대답했습니다. 명논수 선생님께서 자상한 눈길로 정이, 순이 자매를 바라보며 말씀하셨습니다.

"바로 그거에요. 진정한 우정이란, 진정한 친구란 반드시 어떤 도움을 나한테 준 사람을 말하는 게 아니라, 내가 어려울 때 언제든 날 도와줄 사람, 그런 믿음이 있는 사람을 가리키는 거예요. 항상 즐겁게 이야기하고 지낼 수 있는 친구가 있다는 사실, 이 얼마나 큰 기쁨을 전해 주는 것일까요?"

"에피쿠로스가 말한 것처럼 모두가 우정을 갖는다면 우리가 사는 세상은 하루아침에 좋은 세상이 되지 않을까요?"

순이가 덧붙여 말했습니다. 선생님은 칠판에 다음과 같이 적으셨습니다.

> 우정이 춤추면서 세상의 주위를 돈다. 그리고 소리친다.
> 모두 일어나라! 행복한 삶을 노래하자! – 에피쿠로스

아이들은 숙연해 하면서도 서로를 흘긋흘긋 쳐다보았습니다. 모두의 귓가에 에피쿠로스의 외침이 들리는 듯했습니다.

2 죽음도 두렵지 않다

"에피쿠로스는 쾌락의 즐거움을 이야기하면서 그와 관련하여 죽음에 관한 독특한 생각을 말했다고 합니다. 죽음이란 우리가 살아 있는 한 느낄 수 없는 것이고, 우리가 느낄 수 없는 것은 우리에게 아무런 의미를 갖지 않기 때문에, 우리가 죽음을 두려워할 이유가 없다는 것입니다."

선생님께서 말씀하셨습니다. 할머니를 잃은 고린이에게는 이 말이 더 뭉클하게 다가왔습니다.

"에피쿠로스는 기본적으로 죽음을 아무것도 아니라고 하면서, 우리가 이웃들과 함께 즐겁게 산 연후에 찾아오는 죽음은 더더욱 별문제가 되지 않는다고 합니다. 왜냐하면 우리가 죽은 뒤에는 신체가 분해되어 감각이 없어지기 때문에, 죽음에 의한 고통을 느낄 수 없게 되기 때문이지요. 감각이 없는 것은 아무것도 아닌 것과 같거든요. 죽는다는 것은 운명이며 그 누구도 이 운명을 벗어날 수 없습니다. 이 땅에서 사는 날은 얼마만큼이 됐든 한정되어 있는 거예요. 사람은 단 한 번 태어나서 살다가 갈 뿐 또 다시 태어나는 일이 없고, 그러니 영원히 존재할 수도 없지요."

"선생님! 에피쿠로스는 '우리가 태어남과 동시에 죽음의 약을 마시며 태어난다' 고 했는데 그것도 비슷한 말인가요?"

재석이가 선생님께 질문했습니다.

"맞아요. 잘 알고 있네요. 우린 어디서 오는지 알지 못한 채 태어나듯이 마찬가지로 어디로 가는지 모르는 상태에서 세상을 떠나는 것입니다. 태어나는 것이 자연스럽고 즐거웠던 것처럼 죽음도 그렇게 자연스럽게, 또 기쁜 마음으로 맞이해야 하는 것이지요. 죽음에 앞서 쓸데없이 삶에 집착하지 말고, 순순히 운명을 받아들이면서 이 세상을 떠나는 것이 행복한 삶을 마무리하는 길이라는 말이지요."

선생님이 말씀하셨습니다.

"아, 죽음을 즐겁게 생각하는 건 정말 어려운 일 같아요."

자현이가 말했습니다.

"맞아요. 자기가 좋아하는 사람의 죽음 앞에서 어떻게 기쁜 마음을 가질 수 있을까요? 전 그렇게 하기가 정말 어려웠거든요. 지금도 여전히 어렵습니다."

고린이도 할머니의 죽음을 떠올리며 이야기했습니다. 아이들은 모두 안쓰러운 눈으로 고린이를 쳐다보았습니다.

"죽음을 기쁘게 맞이하기 위해서는 평소에 '죽음은 우리에게 아무것도 아니다'라는 믿음에 익숙해져야겠지요. 왜냐하면 우리는 감각을 통해 모든 걸 판단하고 생각할 수 있는 건데, 죽고 나면 감각을 잃게 되어서 어떤 판단도, 생각도 할 수 없게 되기 때문이에요. 그건 아무것도 아닌 거나 마찬가지죠. 그렇게 생각하면 오히려 다양한 감각을 받아들이고 경험할 수 있는 현재의 삶에 더 집중하게 되지 않을까요? 살아 있는 순간이 얼마나 소중한지 생각해 볼 수도 있고요. '죽음은 우리에게 아무것도 아니다'라는 말의 의미를 진정으로 알게 된다면, 죽을 수밖에 없는 우리의 운명에 대해서도 기꺼이 받아들일 수 있게 되겠지요."

선생님이 말씀하셨습니다.

"맞아요. 우리도 반드시 죽을 수밖에 없는데 단지 그게 지금 일 수도 있고, 10년이나 20년 뒤일 수도 있는 거겠지요."

정이가 말했습니다. 정이는 어렸을 때 죽을 고비를 넘겼기 때문인지 이런 어른스러운 말을 곧잘 합니다.

"현명한 사람은 삶이 힘들다고 도망가려 하지 않고, 삶이 끝나간다고 두려워하지도 않는 것 같아요. 그런 사람은 오래 살려고 노력하는 것이 아니라 매순간 즐겁게 사는 걸 더 중요하게 생각하는 거죠. 죽음이 왔을 때 기쁘게 마중이라도 나갈 것처럼요."

중민이가 말했습니다. 중민이 또한 고린이 할머니의 죽음을 멀리서 지켜보았기 때문에 이렇게 말할 수 있었던 거겠지요?

3 철학하는 기쁨!

"이제 마지막으로 이런 이야기를 하고 싶습니다."

선생님께서 아이들을 둘러보며 말씀하셨습니다.

"웃으면서 철학하라고 말입니다."

선생님은 에피쿠로스의 말을 인용하여 말씀하셨습니다.

"철학을 하면서 온갖 인상을 찡그리며 온 세상의 고통을 자신의 어깨 위에 올려둔 것처럼 지내는 사람은 잘못된 철학자입니다. 즐겁게 철학하고, 공부도 그렇게 즐기면서 해야 하는 것이지요. 왜 그래야 하는지는 이제 다 알겠죠?"

"네~!"

모두들 선생님의 말씀에 공감하고 있었습니다.

"젊은 사람들이 철학하는 것을 주저해서는 안 됩니다. 나이가 많다고 해서 철학하는 것에 싫증을 내서도 안 되고요. 철학은 마음의 건강을 유지하기 위한 것인데, 그 누구도 마음의 건강을 얻기 위해서 너무 이르거나 아직 늦다고 말할 수 없기 때문입니다. 철학할 나이가 아직 오지 않았거나 이미 지났다고 말하는 것은, 행복할 나이가 아직 오지 않았거나 이미 지나갔다고 말하는 것처럼 잘못된 이야기라는 것이지요."

선생님께서 덧붙여 말씀하셨습니다.

"그래서 나이가 적은 사람도, 많은 사람도, 그리고 초등학생도 철학을 해야 한다는 것이군요."

달인이가 말했습니다.

"아니지! 나이가 적거나 많거나 초등학생처럼 어리거나, 철학은 항상 해야 한다는 것이지."

마송이가 고쳐 말하자 친구들과 선생님이 일제히 웃음을 터트렸습니다. 아이들은 이제 선생님의 말씀이 무엇인지 잘 알고 있는 듯했습니다.

 이들은 모두 에피쿠로스가 말한 육체적인 고통과 정신적인 불안이 없는 평화로운 상태, 즉 아타락시아의 상태를 깨달은 것 같았습니다. 할머니를 보냈던 고린이도 무섭고 힘들었던 죽음에서 조금은 벗어날 수 있겠지요.

 에피쿠로스에 관한 이야기가 모두 끝난 방과 후 저녁. 벌써 가을이 다가오고 있었습니다. 느티나무 잎에 단풍물이 잔뜩 들었습니다. 해는 이미 서산으로 넘어갔고 주위에는 어둠이 내려 학교는 이미 다른 세계처럼 변해 있었습니다. 즐거운 3인방을 비롯한 철학 논술 반 아이들은 오후 늦게까지 느티나무 아래서 쉬고 있었습니다.

 "난 낮이 밤으로 변하는 바로 이 시간이 좋아. 어둠이 쫙 깔리면서 보이던 것들이 안 보이게 되거나 다르게 보이게 되거든. 그럼 내가 또 다른 세계 속에 내려와 있는 기분이야."

 달인이가 말하자 고린이와 마송이도 지는 해를 바라보며 고개를 끄덕거렸습니다..

 하루를 보내며 쉬는 그들의 눈에 운동장을 뛰는 그림자 하나가

보였습니다. 그 그림자는 다름 아닌 우리의 명논수 선생님이었습니다. 선생님은 아이들이 나무 아래 앉아서 쉬고 있는 것을 보지 못하신 것 같았습니다. 혼자서 축구공 하나를 가지고 계속 운동장을 뛰고 계셨습니다. 이따금 묘기도 부리고 또 전력 질주를 하기도 하는 것이, 보는 사람도 왠지 손에 땀이 나고 입이 바짝바짝 탔습니다.

드리블을 하며 운동장 한 바퀴를 쏜살같이 돈 선생님께서 바닥에 다리를 쭉 펴고 앉아 물을 벌컥벌컥 들이마셨습니다. 그 모습을 지켜보던 즐거운 3인방까지 목구멍이 뻥 뚫리며 갈증이 해소되는 기분이었습니다. 이런 느낌이 바로 에피쿠로스가 말한 진정한 쾌락인 걸까요?

'야, 오고린! 어때, 언제 한 번 샘이랑 뛰어볼까?'

고린이는 문득 선생님이 예전에 축구 한 게임을 같이 뛰자고 했던 말이 떠올랐습니다.

"좋았어! 오~ 골인! 내가 간다."

고린이는 언덕 아래를 마구 내달렸습니다. 그러자 얼떨결에 달인이도 벌떡 일어나 그 뒤를 쫓아 내달렸습니다.

"뭐야, 너희들! 같이 가자고!"

마송이도 소리치며 달려가기 시작했고, 미적대며 안 갈 것처럼 굴던 재석이와 중민이도 뛰어 내려가기 시작했습니다. 그러더니 곧 마송이를 따라잡고는 앞서거니 뒤서거니 하며 내달렸습니다. 자현이와 순이, 정이도 그 모습을 보고 저들끼리 키득대며 오솔길을 통해 학교 운동장으로 움직이기 시작했습니다.

언덕 위의 할미 느티나무가 이들을 지켜보고 있었습니다.

현재에 충실한 삶

쾌락을 추구한 에피쿠로스는 반드시 거쳐야 할 죽음에 대해 독특한 생각을 했던 철학자입니다. 그는 '죽음은 우리에게 아무런 의미가 없다. 왜냐하면 우리가 죽게 되면 아무런 감각도 갖지 못하게 된다. 감각이 없는 것은 우리에게 아무런 의미가 없다. 따라서 죽음은 우리에게 아무런 의미가 없다.'라고 말합니다. 그는 우리가 죽은 후에 감각은 더 이상 존재하지 않고 그래서 아무런 고통도 느낄 수 없게 된다고 합니다. 우리가 이러한 생각을 하게 되면 죽음으로부터 자유롭게 되어서 죽음의 고통을 잊게 된다는 것입니다. 그래서 아직 오지 않은 죽음에 대해서 고통을 느끼지 말고 현재의 삶을 행복하게 사는 것이 현명하다고 말합니다.

우리가 어디에서 와서 이 땅에 태어났는지 알 수 없는 것처럼 죽은 후에도 어디로 가는지 알 수 없는 상태로 이 세상을 떠나게 됩니다. 그래서 에피쿠로스는 태어날 때 우리가 즐거워했던 것처럼 죽음에 대해서도 기쁘고 즐겁게 맞이하자고 합니다. 죽음에 앞서 공연히 슬퍼하지 말고 순순히 운명을 받아들이며 이 세상을 떠나는 것이 바로 삶을 행복하게 마무리하는 것이라고 말이지요.

에피쿠로스 자신도 죽음을 맞이하며 조금도 당황하지 않았다고 합니다. 방광염으로 심한 고통 속에 있었던 그는, 죽기 전 따뜻한 물이 가득 담긴 욕탕으로 들어갔습니다. 그리고 친구들에게 한 잔의 포도주를 청했지요. 그는 죽음을 앞두고 친구들과 함께 포도주 한 잔을 기울이면서 즐거웠던 옛날을 회상하고는 자신의 마지막을 조용히 맞이했답니다.

이처럼 에피쿠로스는 우리가 알 수 없는 죽음에 대해서 고민을 하거나 고통을 느끼지 말고, 살아 있는 동안 현재에 집중하고 그 순간을 즐기는 것이 현명한 일이라고 하였습니다. 즉, 현재에 충실한 현명한 삶을 살라고 하는 것이죠.

현재의 삶에 충실하기 위해 중요한 것은, 꼭 필요한 욕구만 충족시키는 일입니다. 굳이 필요하지도 않는 일에 관심을 갖고 고민하는 것은 현명하지 못한 일이지요.

에피쿠로스는 우리의 욕구를 두 가지로 나누었는데, 첫째는 꼭 해야만

하는 필연적인 욕구이고, 둘째는 필연적이지 않은 욕구입니다. 필연적인 욕구에 속하는 것은 육체적인 무사함과 정신적인 안정을 이루는 데 필요한 것들로, 음식, 의복, 주거지 같은 것들이 있습니다. 필연적이지 않은 욕구로는 맛있고 좋은 음식에 대한 관심, 아름다운 옷에 관한 소망, 성적인 욕구 등이 있습니다. 뿐만 아니라 쓸데없는 명성이나 공공연한 명예와 같은 것도 여기에 해당됩니다.

에피쿠로스에 의하면 우리가 행복한 삶을 위해서 꼭 필요한 것들은 음식과 의복, 그리고 친구들과 철학입니다. 이들은 큰 노력 없이도 이룰 수 있는 것들이기 때문에 원하기만 하면 누구나 행복해질 수 있습니다.

"사람이 행복해지기 위한 것들을 얻기는 쉽지만, 그보다 지나친 것을 얻기란 어렵다."

에피쿠로스의 말입니다. 누구든 지나친 욕심만 부리지 않는다면 큰 노력 없이도 만족하며 행복하게 살 수 있는 것이지요.

에필로그

　산들가람 초등학교 6학년 1반 아이들이 철학 논술 반에서 명논수 선생님과 함께 가졌던 즐거움에 관한 이야기는 여기서 끝이 납니다.

　아이들이 몸으로 직접 부딪치며 느끼는 즐거움이나 정신적으로 느끼는 즐거움, 그리고 명논수 선생님의 입을 통해 배웠던 에피쿠로스의 쾌락 이야기! 이것들을 통해 여러분은 무엇을 배우셨나요? 즐거운 철학, 즐거운 논술이 몸과 마음에 다가왔다면 정말 에피쿠로스가 바라던 그대로일 것입니다.

　즐거운 3인방은 여전히 서로를 도와가면서 즐겁게 지내고 있습니다. 할머니가 돌아가신 고린이는 마송이네 집에서 함께 살게 되었습니다. 할머니의 간절한 부탁이 있었기 때문이지요. 게다가 고린이는 할머니가 보고 싶을 때마다 더 열심히 축구를 하고 있습니다. 나중에 고린이가 멋진 축구 선수가 되어 있다면 다 할머니 덕분일 거예요.

또한 별난 3인방도 변함없이 즐거움을 누리며 생활을 하고 있습니다. 요리왕이 되겠다던 재석이는 요리 연습에 더욱 매진하면서 이따금 마을 사람들에게 직접 만든 요리를 선보입니다. 그리고 요리에 대한 평가와 자신의 생각을 하나씩 적어가며 소중하게 보관하고 있습니다. 이걸 바탕으로 나중에 커서 유명한 요리사가 되어 책을 내고 싶다고 하네요.

정이와 순이는 여전히 성당에 잘 다니고 있습니다. 특히 정이는 성경 공부를 열심히 하고 있으며, 초등학교 1, 2학년 아이들에게 성경을 동화처럼 구연해 주는 봉사를 맡았습니다. 그 때문에 요즘 들어 성당 나가는 일이 더욱 즐겁다고 합니다.

지금 이 글을 읽는 여러분 모두 에피쿠로스가 친구들과 우정을 나누었던 그 정원을 떠올리고 있지요? 할미 느티나무 근처에는 아직도 우정의 바람이 사람들에게 전해지고 있습니다. 그곳은 마을 사람들의 '쾌락의 정원'이 되어 철학하는 즐거움을 알게 하는 기쁨의 장이 되고 있지요. 힘들게 친구들과 서로의 이야기를 나누고, 그것을 통해 새로운 세계를 알게 되어 기쁨을 느꼈던 우리 산들가람 친구들, 그리고 이 글을 읽고 있는 여러분……

우리는 사람들에게 진정으로 도움이 될 수 있는 옳은 말을 해주어야 합니다. 철학하는 사람은 이해하기 어려울지언정 사람들에게 진정으로 도움이 되는 말을 해주어야 하는 사람입니다. 마치 아무도 믿지 않아도 끝까지 진리를 말했던 그리스의 예언자 '카산드라'처럼 말입니다.

여러분! 어리다고 철학하는 것을 겁내거나 주저해서는 안 됩니다. 또 나이가 많다고 철학하는 것에 싫증을 내서도 안 됩니다. 철학은 마음의 건강을 유지하기 위한 것인데, 그 누구도 마음의 건강을 얻기 위해서 너무 이르거나 아직 늦다고 말할 수는 없는 것이죠. 우리가 철학 활동을 통해 미래에 대한 두려움을 떨쳐 버리고 모든 일에 감사하는 마음을 가지면, 고통 없는 행복한 삶을 누릴 수 있을 것입니다.

통합형 논술
활용노트

01 제시문 (가)와 (나)를 읽고, 내가 (나)의 상우라면 요한이에게 뭐라고 할지 이유를 들어가며 이야기해 보세요.

(가)

"(중략) 에피쿠로스도 친구인 듯 하지만 사실은 진정한 친구가 아닌 이들을 가려냈지요. 첫 번째는 늘 도움만 청하는 친구예요. 이런 친구는 왜 진정한 친구가 아닐까?"

"받기만 하고 도움을 주진 않으니까요."

정이가 얼굴을 붉히며 대답했습니다.

"네가 나에게 얼마나 많은 도움이 되는지 넌 모르지?"

순이가 귓속말로 속삭였습니다. 명논수 선생님께서 빙긋 웃으며 말씀하셨습니다.

"그건 우정의 대가로 어떤 보상을 바라는 것이기 때문이지요. '내가 네 친구니까 넌 나한테 이런 걸 해줘야 돼' 하는 것처럼 말이죠."

– 《에피쿠로스가 들려주는 쾌락 이야기》(자음과 모음)

(나)

"옛다, 구운 오징어 먹으렴."

"아쌔! 요한이랑 같이 먹을게요."

전 요한이와 가장 친한 친구입니다. 그래서 할머니가 구워 주신 오징어
를 같이 먹으려고 요한이네 집에 놀러 갔지요. 요한이는 마당 평상에 한
가롭게 누워 있다가 절 보더니 반쯤 몸을 일으키고 아는 체를 했습니다.

"상우야! 어쩐 일이야?"

"우리 할머니가 오징어 구워 주셨어. 같이 먹자."

요한이는 반가운 표정으로 벌떡 일어나더니 제 손에 들린 오징어를 보
더니 곧 싱거운 표정이 되어 물었습니다.

"땅콩은 어디 있어? 오징어는 땅콩이랑 먹어야 제 맛인데……. 땅콩은
안 가져 온 거야?"

02 두 제시문의 차이점을 설명해 보세요.

(가)

쾌락주의자 에피쿠로스는 정적인 상태의 기쁨은 마음에서 오는 것이기 때문에 정신적인 것이며, 동적인 기쁨은 행동을 통해서 이루어지기 때문에 육체적인 것이라 합니다. 그리고 육체적인 기쁨보다 마음의 평안, 즉 아타락시아(Ataraxia)야말로 진정한 기쁨이라고 합니다.

에피쿠로스는 우리가 자신의 마음을 잘 다스릴 때에 기쁨과 행복을 얻을 수 있다고 합니다. 지나간 기쁨들을 다시 기억함으로써 우리는 다시금 즐거운 상태에 도달할 수 있습니다. 또한 그로써 앞으로 다가올 즐거운 일을 마음으로 기대하면서 생의 희망과 기쁨 또한 얻을 수 있습니다. 이렇게 정신적인 안정을 유지하면서 현재의 고통을 이겨나갈 수 있는 것입니다. 에피쿠로스의 제자들은 다음과 같은 에피쿠로스의 말을 즐겨 썼습니다.

"만일 고통이 강하다면 그것은 짧게 지속한다. 만일 고통이 길게 지속한다면 그것은 가벼운 것이다."

─《에피쿠로스가 들려주는 쾌락 이야기》(자음과 모음)

(나)

우리 모두는 이성적으로 생각하고 행동하는 능력을 가지고 있어도, 똑같이 그 능력을 발휘할 줄 아는 건 아닙니다. 같은 악기 연주자라도 잘하고 못하고의 차이가 있는 것처럼 이성적인 활동도 개인에 따른 정도의 차이가 있습니다. 따라서 참된 행복은 이성을 잘 실현할 때 이루어집니다. 이성을 잘 실현하는 활동은 평생 동안 지속적으로 이루어져야 합니다. 참된 행복은 하루아침에 이루어지는 것이 아니기 때문입니다.

행복해지기 위해서는 외부적인 여러 수단이 필요합니다. 그게 없으면 이성을 실현할 수 없거나 어려움이 따르기 때문입니다. 일반적으로 우리는 친구나 재물, 정치적 권력 등을 그 수단으로 사용하고, 좋은 가문이나 자녀, 아름다운 외모 등은 더욱 좋은 수단이 됩니다. 얼굴이 못생기고, 가난하고, 외롭고, 자신감이 부족한 사람은 그렇지 않은 사람보다 행복해지기 어렵습니다. 아주 못된 자식이나 친구를 가진 사람, 좋은 자녀나 친구를 잃은 사람도 행복해지기 쉽지 않은 것처럼 말입니다.

– 아리스토텔레스, 《니코마코스 윤리학》

01 우리는 친구가 생기면 친구에게 새로운 사실을 알려 주기도 하고 즐거운 일, 슬픈 일을 함께 나누기도 합니다. 그리고 맛있는 것이 생기면 함께 나누어 먹으려고도 하지요. 그러나 친구라고 해서 서로 도움을 주고받는 게 당연한 일인 듯 고마움이나 미안함을 몰라서는 안 됩니다. 친구는 서로 대등한 관계에 있어야 진정한 친구입니다.

(나)의 요한이처럼 친구가 오징어를 가져왔는데 땅콩은 왜 가져오지 않았느냐고 묻는 친구는 참다운 친구가 아니라는 생각이 듭니다. (가)에서 말하듯 요한이는 우정의 대가로 보상을 바라고, 상우가 그렇게 해 주는 걸 당연하게 생각하며 고마움을 모르기 때문입니다. 만일 저에게 요한이처럼 묻는 친구가 있다면 다음과 같이 되물어 보고 싶습니다.

"그래? 오징어는 땅콩과 같이 먹어야 맛이 있다 이거지? 그럼 네가 지금 나가서 나를 위해서 땅콩을 좀 사올 수 없겠니?"

02 (가)의 에피쿠로스의 말을 따르면 행복은 몸에 의한 행복과 마음에 의한 행복으로 나뉩니다. 에피쿠로스는 몸에 의한 행복보다는 마음에 의한 행복을 더 중요하게 생각합니다. 그래서 마음을 다스림으로써 몸의 고통이나 불행을 이겨 낼 수 있다고 합니다. 즉, 행복을 위한 외적 조건들이 부족해도 마음의 행복, 내적인 조건들을 통해 행복해질 수 있다고 주장합니다.

(나)는 아리스토텔레스가 쓴 행복에 관한 글입니다. 그는 진정한 행복이란 이성의 활동을 탁월하게 잘 닦고 동시에 행복해질 수 있는 외적 조건들이 잘 갖추어질 때 이루어질 수 있다고 주장합니다. 이것은 한 차례에 그치는 것이 아니라 일생 동안 꾸준히 이루어져야 하며, 또한 그는 행복해지기 위해서 더 많은 조건들이 함께 갖추어져야 한다고 말합니다.

따라서 (가)는 마음의 안정적인 상태야말로 행복의 가장 중요한 조건이라고 주장하

지만, (나)는 이성적인 활동과 외적 조건
들이 고루 갖추어져야 행복할 수 있다고
주장합니다.